# 大学体育与健康教程

DAXUE TIYU YU JIANKANG JIAOCHENG

主　编：文　雄　张灵燕　王永莲
副主编：祖雪亚　王文丹　李鹏飞　颜攀力

重庆大学出版社

**图书在版编目(CIP)数据**

大学体育与健康教程 / 文雄, 张灵燕, 王永莲主编.
-- 重庆 : 重庆大学出版社, 2020.8(2022.8 重印)
ISBN 978-7-5689-2310-1

Ⅰ. ①大… Ⅱ. ①文… ②张… ③王… Ⅲ. ①体育—高等学校—教材②健康教育—高等学校—教材 Ⅳ. ①G807.4②G647.9

中国版本图书馆 CIP 数据核字(2020)第 123581 号

**大学体育与健康教程**

主　编:文　雄　张灵燕　王永莲
副主编:祖雪亚　王文丹　李鹏飞　颜攀力
策划编辑:贾　曼　唐笑水
责任编辑:陈　曦　　版式设计:贾　曼
责任校对:陈　力　　责任印制:张　策

*

重庆大学出版社出版发行
出版人:饶帮华
社址:重庆市沙坪坝区大学城西路 21 号
邮编:401331
电话:(023) 88617190　88617185(中小学)
传真:(023) 88617186　88617166
网址:http://www.cqup.com.cn
邮箱:fxk@cqup.com.cn (营销中心)
全国新华书店经销
重庆市联谊印务有限公司印刷

*

开本:787mm×1092mm　1/16　印张:7.25　字数:175 千
2020 年 8 月第 1 版　2022 年 8 月第 3 次印刷
ISBN 978-7-5689-2310-1　定价:21.80 元

---

# 前 言

为了贯彻落实“健康第一”的指导思想,积极推动高校体育改革与发展,发挥学校体育在促进大学生身心健康、提高学生体质水平、帮助学生掌握科学锻炼方法以及提高学生运动参与能力等方面的主导作用,我们根据国务院颁布实施的《学校体育工作条例》和教育部颁布的《全国普通高等学校体育课程教学指导纲要》的精神,以及教育部、国家体育总局颁布的《国家学生体质健康标准》的基本要求,在立足本校特点的同时,结合近年来大学生身心素质发展的特点以及大学生体育运动的需要,编写了这本《大学体育与健康教程》。

本书体现了“以生为本”的特点,突出学生的主体地位和健康主题,不局限于把大学生的体育活动仅仅看成一种运动,而是把体育运动、体育生理学、体育文化和健康知识有机地结合起来,强调在体育课堂的教学过程中,将体育生理学、体育文化和健康知识渗透到每个项目中,让学生掌握科学的锻炼方法,最终达到促进大学生综合素质全面提高的目的。

本书由文雄、张灵燕、王永莲担任主编,由祖雪亚、王文丹、李鹏飞、颜攀力担任副主编。本书介绍符合大学生身心特点的体育理论知识,指导大学生科学地进行体育锻炼,内容全面,通俗易懂。本书分工如下:文雄编写第一章;王永莲编写第二章;张灵燕编写第三章和第四章;王文丹编写第五章;李鹏飞编写第六章;颜攀力编写第七章;祖雪亚编写第八章。全书由文雄负责拟订目录与编写提纲,并负责统稿。本书在编写过程中,参考、引用和借鉴了一些书籍与资料,在此向有关作者致以真诚的谢意。

由于参编人员水平有限,书中难免存有不妥之处,恳请广大读者批评指正。

编　者

2020 年 6 月

# 目 录

# 第一章　体育与健康概述

## 第一节　体育的产生与概念

### 一、体育的产生

生活与劳动是体育产生的主要源泉。人类从猿转变到人的具有决定性意义的一步——直立行走，就是生活与劳动的结果。原始人靠采集、狩猎、捕鱼等方法来维持生存，靠快跑、跋涉、游水和投掷钝器等来获取食物并与凶猛的野兽作斗争等，其根本目的就是生存。生存的基本方式在当时来讲就是劳动，这些活动还不能说是为了锻炼身体和增强体质而进行的体育活动，其区别在于前者主要用于谋生，后者主要用于锻炼身体。但用历史唯物主义的观点来分析，当时人们所从事的生活活动，既是劳动，也是生活技能，这是现代体育的前身。体育作为一个专门的学科领域，是在人类社会长期的实践中，随着社会生活和生产的不断发展而逐步建立和发展起来的，它受一定的社会政治、经济的影响与制约，也为社会政治、经济服务。因此，现代体育正是从这些生活活动中脱胎而出的。劳动是产生体育的主要源泉，同时劳动又创造了人的生活。总之，人类的走、跑、跳、投掷、攀登、游泳及其他技能等身体活动，是原始人类的生产生活技能，同时也是现代人类的体育活动。

体育虽然有悠久的历史，但是“体育”一词却出现得较晚。在体育一词出现前，世界各国对体育这一活动过程的称谓各不相同。体育一词，其英文本是 physical education，指的是以身体活动为手段的教育，直译为身体的教育，简称为体育。在古希腊，游戏、角力、体操等曾被列为教育内容。17—18 世纪，在西方的教育中也加进了打猎、游泳、爬山、赛跑、跳跃等活动，只是尚无统一的名称。18 世纪末，德国的古兹姆斯曾把这些活动分类、综合，统称为体操。进入 19 世纪，一方面，德国形成了新的体操体系，并广泛传播于欧美各国；另一方面，相继出现了多种新的运动项目，学校也逐渐开展了超出原来体操范围的更多的运动项目，建立起“体育是以身体活动为手段的教育”这一概念。于是，在相当长的一段时间里，体操和体育两个词并存，相互混用，直到 20 世纪初才逐渐在世界范围内统一为体育。1902 年左右，我国一些在日本留学的学生从日本带回了“体育”这一术语。随着西方文化不断涌入我国，学校体育的内容也从单一的体操向多元化发展，课堂上出现了篮球、田径、足球等运动。许多有识之士提出，不能把学校体育课称为体操课了，必须厘清概念层次。1923 年，在《中小学课程纲要（草案）》中，正式把“体操课”改为“体育课”。从此，体育一词成了学校中身体教育的专门术语。体育一词在含义上也有一个演化过程。它刚传入我国时，指身体的教育，是作为教育的一部分出现的，是一种与维持和发展身体的各种活动有关联的教育过程，与国际上理解的体育是一致的。随着社会的进步和体育事业的不断发展,其目的和内容都大大超出了原来体育的范畴。

## 二、体育的概念

体育是人类在社会发展中,根据生产和生活的需要,遵循人体身心的发展规律,以身体练习为基本手段,为达到增强体质、提高运动技术水平、进行思想品德教育、丰富社会文化生活而进行的一种有目的、有意识、有组织的社会活动,是伴随人类社会的发展而逐步建立和发展起来的一个专门的学科领域。体育分为群众体育和竞技体育两大类,体育的概念也有广义和狭义之分。

**1. 体育的广义概念**

广义的体育也称体育运动,是指以身体练习为基本手段,以增强人的体质、促进人的全面发展、丰富社会文化生活和促进精神文明为目的的一种有意识、有组织的社会活动。它是社会文化的一部分,其发展受一定社会的政治和经济的制约,并为一定社会的政治和经济服务。

**2. 体育的狭义概念**

狭义的体育也称体育教育,是一个发展身体,增强体质,传授锻炼身体的知识、技能,培养道德和意志品质的教育过程;是对人体进行培育和塑造的过程;是教育的重要组成部分;是人全面发展的重要方面。

**3. 竞技运动**

竞技运动也称竞技体育,指为了战胜对手,取得优异运动成绩,最大限度地发挥和提高个人、集体在体格、体能、心理及运动能力等方面的潜力所进行的科学的、系统的训练和竞赛。其包含运动训练和运动竞赛两种形式。

**4. 学校体育的概念**

学校体育是指以在校学生为参与主体的体育活动,通过培养学生的体育兴趣、态度、习惯、知识和能力来增强学生的身体素质,培养学生的道德和意志品质,促进学生的身心健康。学校体育是教育的重要组成部分,是计划性、目的性、组织性较强的体育教育活动过程,学校体育属于群众体育范畴。学校体育主要由体育教学(以体育课为主要形式);课外体育活动(由学校或学生自行组织,以学生体育锻炼为主要内容);运动代表队训练和各种形式的体育比赛(如班级赛、校际赛、各类选拔赛,以及参加地区和全国性比赛等);早操和课间操(前者多由学生个人自由锻炼或学生自由组合锻炼,后者多为有组织的徒手体操活动);科学的作息和保健措施(旨在保证学生足够的睡眠、休息和锻炼时间,同时要讲究卫生,注意营养,预防疾病发生等)组成。

# 第二节　体育的功能

体育是一个开放的、复杂的系统,具有清晰的结构特征,这种特征是体育作为系统出现、存在的前提。体育的功能是指体育以其自身特点作用于人和社会所能产生的良好影响和效益。体育如果不具备自身固有的特点，就不可能产生任何功能。但是，如果体育功能不为人们和社会所接受、所利用，则它的功能也不可能得到发挥并产生效益。千百年来，体育之所以能得到不断发展，而且越来越受到世界各国的重视，正是人们对体育功能的认识和利用的结果。随着社会发展和人们对体育功能认识的进一步深入和提高，体育的功能将会越来越多地被发现和发挥，并更好地为人类的物质文明和精神文明建设服务。体育的功能分为本质功能和非本质功能。体育的本质功能有健身娱乐功能和教育功能。体育的非本质功能有政治功能、经济功能、交往功能等。例如，武术在我国已经成为中华民族气节和道德规范的标志。

## 一、体育的健身功能

健身功能具体体现在体育运动可以改善和提高中枢神经系统的工作能力。体育运动能促进机体的生长发育，提高运动系统的技能。体育运动能使内脏器官的机能得到提高。体育运动可以提高人体的适应能力。体育运动可以防病治病，提高人体免疫能力。体育的健身功能已被大家所公认，人们通过体育锻炼来增强体质、促进健康、防病治病、调节生活，以享受自然界的乐趣。现代社会，人们的工作和生活节奏加快，对人体的健康就有了更高的要求，不能认为没有疾病就是健康，事实上在健康与疾病之间存在着一大批亚健康的人，他们需要通过体育锻炼来改善自己的身体状况。

## 二、体育的娱乐功能

一方面，体育已经成为社会活动的一部分，是社会文明发展的标志；另一方面，在体育运动中获得娱乐是现代人的一种需要。在经济高度发达的国家，全民的体育开展情况也很好。

无论从人的生理、心理，还是从社会化的需要等方面看，娱乐都是人们精神生活的重要内容。而愉悦身心、陶冶情操，则是体育本质功能的又一体现。体育往往以其动作的高难度、造型的艺术化、形式的多样化、竞赛的激烈性和比赛结果的不确定性，以及较强的适应性等特点，能给予参与者及观赏者一种强烈的情感刺激和情感体验。当你参与到自己所喜爱的运动项目中，在与同伴的默契的配合中，在与对手斗智、斗勇、斗体力、拼技术的较量中，在战胜自我后的胜利中，得到的是一种妙不可言的心理满足和快感，使自我价值得以充分展示，同时增强自己的自尊心、自信心、自豪感。同样，在观看优秀运动员的精彩表演中，时而屏气凝神地注目，时而喜不自禁、如醉如痴地欢呼，无疑对消除疲劳，调节烦恼和紊乱情绪都有积极的效果。由于体育的消遣性、文艺性的特点，体育又成为当代人们消遣、聚会、调节情绪、充实生活的重要手段。

## 三、体育的教育功能

体育所具有的教育功能有两个方面的含义：一是具有典型意义的学校基本教育；二是具有泛指意义的社会教育。从原始社会出现体育的萌芽起，体育就一直作为教育的手段之一被流传下来，现代竞技体育中的跑、跳、投等项目仍留下了原始社会的痕迹。现代体育教育已不仅是促进人体生长发育、增强学生体质、掌握运动技能的方式，而且还可以培养人们终身体育的兴趣和习惯，改善生活方式，提高生活质量，以适应现代社会的需要。在竞技体育中，运动员在“更高、更快、更强”的奥林匹克口号下所表现出来的无私奉献、顽强拼搏的精神，深深地打动了观众的心，这也是一种教育。在群众锻炼中，体育在完善身体机能、改善身心健康、促进人际交往、培养顽强精神等方面都有教育的作用。作为学校体育教育，必须以终身教育作为其主要的奋斗方向。通过身体锻炼及适应能力的培养，激发运动兴趣，养成运动习惯，以便为青少年的就业谋生及适应现代生活节奏作好准备。只有这样，人类才能创造文化，延续文明。

## 四、体育的政治功能

体育的政治功能一方面可体现在国际交往的舞台上；另一方面体育能促进大至一个国家、一个民族，小至一个集体的内部的安定团结。

（1）为国增光，提高民族、国家的威望和地位。例如，在 2008 年北京奥林匹克运动会上，中国金牌总数名列第一名，跃身跨入世界体育强国之列。这大大激励了民族意识，振奋了民族精神，提高了中国的国际威望和国际地位。

（2）加强爱国主义教育，增强民族凝聚力。在当代，一次国际体育大赛会像巨石击水，在国民心中产生巨大的冲击波，使千百万人甚至整个民族、国家沸腾起来，使民族精神得到升华，爱国热情得到激发，万众一心，为国家的腾飞、民族的昌盛提供难以比拟的精神力量。例如，在 1984 年洛杉矶奥运会上，中国人突破奖牌零的纪录；我国女排获得“五连冠”，她们在国内引起的轰动都是空前的。

（3）改善和促进国家间的关系，增进友谊。例如，中美间的乒乓外交，就是用“小球推动大球”，成为中美建交史上的一段佳话。1971 年 3 月，中国和美国同时参加了在日本举行的第 31 届世界乒乓球锦标赛。比赛期间，发生了戏剧性的一幕：一天，美国球员科恩在慌乱中上了中国运动员的专车，在即将到达比赛场馆时，中国运动员庄则栋将一块杭州织锦送给了他，与他热情握手。比赛的最后一天，中方正式邀请美国乒乓球队访问中国。1971 年 4 月，中国时任总理周恩来在北京接见了美国乒乓球队代表团的全体成员，由此打开了中美交往的大门。在体育运动过程中，能增强人与人之间的交流与交往，增加人与人之间的相互了解，改善人际关系。国际间的体育交往，还能够促进国家与国家之间、不同民族之间的相互了解和相互信任，促进他们互相学习和交流，加强国家间的相互理解和联系，缓和国际关系与冲突，对维护世界和平起着十分重要的作用，有利于人类社会的和平与发展。

## 五、体育的经济功能

体育是人的活动，特别是体育成为一种很多社会成员参与的经常性活动后，总是在一定物质消费的基础上进行的，必然要消耗一定的人力、物力和财力。因此，与体育活动相关的服装、器材、装备和体育场地设施等就会随之而产生，体育服务等社会经济行业就必然出现。

经济学界以为，劳动生产力的提高是社会经济发展的重要标志。特别是在对生产力进行价值评估时，人的素质又成为最主要的衡量标准，一般来说，包括身体素质、文化素质、道德素质三个方面。从某种意义上来讲,身体素质作为诸素质的物质基础,对生产力的提高起着至关重要的作用。由此可见,体育发展社会经济的功能是由体育的健身作用决定的。因为它在提高身体素质、健康水平方面取得了明显效果,保持和增强了劳动者的劳动能力。因此,在体育投资方面所作的贡献,有力地促进了社会经济的发展。在商品经济的社会里,体育作为第三产业,以劳动的形式向社会提供服务消费品。当前一些经济发达国家,非常重视发挥体育的经济功能,采取多种途径追求体育经济效益。对于体育界来说,首先要改变体育仅是福利事业的思想,要树立体育也是产业的观念。长期以来,我国体育事业基本是靠国家拨款,缺乏自我造血功能。例如,群众体育和竞技体育的发展,一个关系着群众的健康,一个关系着国家民族的荣辱,二者都重要,本应都发展,但因资金不足,很难真正达到协调发展。若是将体育事业纳入产业运作,则二者的发展就有了广泛前景。作为产业,它可以为社会提供健身、观赏、娱乐等综合性特殊消费品。例如,在大型比赛中出售比赛的电视转播权、发行纪念币、发行体育彩票、收取门票费和广告费等。又如,在日常体育活动中提高体育场馆设施利用率,举办热门项目的比赛、发展体育旅游、举办各种类型的体育训练班、开设体育咨询站等,从中获得相当可观的经济效益。

体育与市场正不断地接轨,近几年由企业赞助、公司集团运营的运动队走进了市场,形成了职业联赛,这表明体育转入市场不仅是必要的,而且是可能的。例如,中国足球协会超级联赛、篮球 CBA、排球联赛,在挖掘体育经济功能的潜力方面积累了一定的成功经验,为中国体育走向国际市场开辟了道路。

## 第三节　健康与体育

### 一、健康的定义

健康主要包括三个方面:身体没有疾病(肌体健康);心理健康;社会适应良好。身体健康指的是各器官健全,功能正常,能抵抗各种细菌和病毒侵扰,为人们从事生产生活提供正常的身体保障。以往人们普遍认为“健康就是没有病,有病就是不健康”。随着科学的发展和时代的变迁,现代健康观告诉我们,健康已不再仅仅是指四肢健全、无病,除身体健康外,同时要有高品质的心理,要豁达、阳光、乐观、开朗,把自己融入集体、融入社会、融入家庭,以积极的精神状态面对生活,精神上有一个良好的状态。社会适应能力指人对复杂多变的社会环境做出的适合生存的反应能力,一个人如果没有良好的社会适应能力,就会对其心理健康带来很大的危害,进而影响个人的长远发展。社会适应能力包括生活、学习、劳动、人际交往能力、独立思考判断问题和解决问题的能力。

### 二、健康观下的体育概念

从体育人文角度来看,人们应该更多地在社会体系中看待健康,对象既可以是个体,又可以是群体乃至社会。其主要含义包括健康的权利、健康的责任和义务、健康与社会发展的协调。健康是所有人的健康，不分性别、种族、阶层，每一个人都有平等的健康权利，各种合理的促进健康的方法和手段不能脱离人的特质。科学价值与人文价值结合才能真正实现人人健康、和谐健康的目标。

人具有双重属性，即生物属性和社会属性。自然科学的体育观主要从人的生物属性出发，而人文社会科学的体育观则主要从人的社会属性出发。所谓体育的人文观就是要主动表现体育对人类生存意义及价值的终极关怀，回到以人为本的真实体育世界；体育的社会观就是关于体育的基本社会观念，包括对体育与社会的关系、体育内部制度、体育的社会功能等问题的阐述。

体育是一种复杂的社会文化现象，它以身体与智力活动为基本手段，根据人体生长发育、技能形成和功能提升的规律，达到促进全面发育、提高身体素质与教育水平、增强体质与运动能力、改善生活方式与提高生活质量的目的。它是一种有意识、有目的、有组织的社会活动。从这个概括中，可以看出体育与人的发展、体育与健康的密切关系。

## 三、体育与健康的关系

当前，运动解剖学、运动生理学、运动生物学等基础学科长足发展，学者们证实了体育对人体健康的双向调节作用，即运动既可以提升也可以损害人体功能。比如运动可促进机体生长发育、增强体质、治疗疾病等，但运动也会导致运动性猝死、运动性损伤、运动性疾病等。因此，必须对体育运动加以科学、合理的引导。人们通过大量实验和运动体验发现，运动量、运动强度、运动时间是运动影响健康的关键因素。适量运动增进机体健康，过量运动和缺乏运动会损害健康或引发一系列健康问题。

## 四、体育对健康的积极作用

经常进行体育锻炼有益于健康。事实表明，参与有规律的体育锻炼会使人身体棒、感觉爽，精力充沛地完成各项工作和任务。体育锻炼的最大作用在于全面增进人的健康，具体表现简述如下：

（1）预防心血管病。心血管病是当今世界上危及人类生命安全的头号杀手。据报道，在美国每两个死去的人中就有一个人死于心血管病，在我国死于心血管病的人数也居首位。大量研究表明，参与有规律的体育锻炼可以显著地降低心血管病的形成和发生的危险性。

（2）改善呼吸系统的功能。人在体育锻炼过程中呼吸过程加深，会吸进更多的氧气，排出更多的二氧化碳，从而使得肺活量增大，肺功能增强。经常锻炼的人由于身体适应能力较强，其呼吸显得平稳、深沉、匀和，频率也较慢，平均每分钟呼吸 6 ~ 8 次，而不锻炼的人平均每分钟呼吸 12 ~ 15 次。

（3）提高消化系统的功能。体育锻炼会增强体内营养物质的消耗，使整个机体的代谢功能增强，从而提高食欲。另外，体育锻炼还能促进胃肠蠕动和消化液分泌，改善肝脏、胰腺的功能，从而使整个消化系统的功能得到提高，为人的健康和长寿提供良好的保障。

（4）改善神经系统的功能。人的活动是在神经系统支配下的协调活动，坚持锻炼的人（特别是中老年人）机体灵活、耳聪目明、精力充沛，这正是神经系统功能健全的表现。

(5)降低糖尿病发生的危险性。糖尿病的特征之一是人的血糖水平很高,如果病人不加控制,会引起许多其他健康问题,如视力减弱和肾亏等。有规律的体育锻炼能控制血糖水平的提高,从而使个体产生糖尿病的可能性大大减小。

(6)预防骨裂。骨质疏松会引起骨裂,骨裂在各个年龄层次的人群中均会发生,在老年人(特别是老年女性)中比较普遍。研究表明,有规律的体育锻炼可以通过提高骨密度和骨强度达到预防骨裂之目的。当然,体育锻炼对于骨质疏松的病人也具有积极的治疗作用。

(7)保持身体活动的能力。人类老化的主要特征之一是身体活动能力的逐步衰退,尤其是60岁以后,身体活动能力的退步尤为明显。我国有句谚语:“老年勤锻炼,拐杖当宝剑。”事实表明,有规律的体育锻炼能使老年人身体活动能力的退化减慢。

(8)控制体重与改变体型。众所周知,过分肥胖会影响人的正常生理功能,尤其是容易造成心脏负担加重,寿命缩短。如果一个人的皮下脂肪超过正常标准的15%~25%,那么,他的死亡危险率会增至30%。俗话说:“宁练筋长三分,不练肉厚一寸。”体育锻炼能减少脂肪,增强肌肉力量,保持关节柔韧性,故可以控制体重,改善体形和外表。

(9)延年益寿。俗话说:“身体锻炼好,八十不算老;身体锻炼差,四十长白发。”大量的研究表明,有规律的体育锻炼可以延年益寿。其主要原因在于有规律的体育锻炼可以预防心脏病和癌症。

(10)培养良好的意志品质。体育锻炼,无论是有组织地进行还是个人单独进行,都对培养和锻炼良好的意志品质有着积极的作用。坚持锻炼,需要自觉性和自制力。没有克服困难的毅力和持之以恒的精神,是不可能长久坚持的。在体育锻炼中,需要完成一定的身体练习,承受一定的运动负荷,如果没有自觉性、坚持性及果断性,是不可能做到的。经常参加体育锻炼者有较强的抗干扰、抗刺激的能力。

(11)调节人的情绪,振奋人的精神。良好的情绪主要是指个体心理状态的稳定和平衡,这种状态有利于保持和促进整个机体的稳定。从事体育锻炼可以调节情绪,并在中枢神经系统支配下,对机体内部各个方面的关系进行相应的调和、平衡,有利于培养开朗的性格、坚强的意志和提升自信心。

(12)体育锻炼可提高人适应社会的能力,同时也可提高机体适应环境的能力。有体育锻炼基础的人适应外界环境的能力较强。其基本原因有两点:一是长期进行体育锻炼增进了健康,强壮了体格,身体的各个组织系统在中枢神经支配下,承受外界压力和协调各组织系统的能力得到增强;二是体育锻炼往往是在各种外界环境和条件下进行的,因而使机体得到锻炼,适应能力不断提高。

(13)促进社会交往和增进友谊。体育锻炼是一种社会活动,人们在体育运动过程中不仅能够锻炼身体,而且可以促进社会交往和增进友谊。高等院校在体育教学中应贯彻“健康第一”的指导思想,培养学生终身锻炼的意识,以达到培养大学生“德、智、体”全面发展的目的。

# 第二章　现代健康观

## 第一节　正确的健康观

### 一、关于健康

我们活在当下最大的问题，不是物质财富要多丰厚，而是身体是否健康！

人们获得健康最简单有效的方式就是参与运动，积极参加体育活动不仅可以愉悦身心，更是一种科学的生活方式。

1989 年世界卫生组织(WHO)进一步深化了健康概念，提出健康应该包括身体健康、心理健康、社会适应良好和道德健康。即从现代健康观来看，一个完全健康的人，应包含身体健康、心理健康、社会适应良好以及道德健康四个方面。

身体健康一般指人体生理健康，是指身体的形态、结构和功能正常，具有生活自理能力。

心理健康是指能正确认识自己及周围的环境和事物，表现为人格完整、自我感觉良好、情绪稳定、积极向上、有较好的自控能力、保持心理上的平衡。

社会适应良好是指一个人的心理活动和行为，能适应复杂的环境变化，并为他人理解和接受。

道德健康是指能明辨是非，能按照社会规范的准则约束自己的言行，能为大众的幸福作出贡献。

### 二、健康的十大准则

现代意义上的健康，不仅是身体的健康，而且还要求心理健康。既有身体健康，又有心理健康，才是一个健康的人。另外，健康的人，还必须具备能遵守社会秩序、努力工作的安定状态。世界卫生组织提出的健康新概念是：所谓健康，并不仅仅是不患病，还应包括心理健康以及社会交往方面的健康。也就是说，健康是在精神上、身体上和社会交往上保持健全的状态。怎样准确描述人体的健康状况呢？日本有学者提出了健康条件的“四快”，即吃得快、便得快、睡得快、说得快。就是说一个人食欲好、消化能力强、思维敏捷、反应能力强、神经系统功能好，即可基本反映出他的身体是健康的。此外，世界卫生组织又规定了十大准则，以衡量一个人是否健康：

(1)有充沛的精力，能从容不迫地担负日常生活和繁重工作，而且不感到过分紧张与疲劳。

(2)处事乐观,态度积极,乐于承担责任,事无大小,不挑剔。

(3)善于休息,睡眠好。

(4)应变能力强,能适应外界环境的各种变化。

(5)能够抵抗一般性感冒和传染病。

(6)体重适当,身体匀称,站立时,头、肩、臂位置协调。

(7)眼睛明亮,反应敏捷,眼睑不易发炎。

(8)牙齿清洁,无龋齿,不疼痛;牙龈无出血现象。

(9)头发有光泽。

(10)肌肉结实,皮肤有弹性。

## 三、影响健康的因素

2019 年中美医学论坛上,有关专家认为,目前影响人类健康突出的因素是环境、老龄化、城市化、生活方式等。

今后每三个人中有一个是老人,一些新的“老龄病”将产生。城市化的到来,造成了流动人口的增加。中国每天有 1 亿人在流动,随之而来的就是传染病的增加。目前全世界一年有 5 000 万人死去,而超过 1/3 的人得病可归结于生活方式有问题。现代生活方式的改变,使疾病谱产生变化,许多现代病、富贵病由此产生,如糖尿病、高血压、肿瘤等多是由于生活方式的改变造成的。

世界卫生组织经研究,提示影响个人健康和寿命有四大因素:生物学因素,占 15%;环境因素,占 17%;卫生服务因素,占 8%;行为与生活方式因素,占 60%。

### (一)生物学因素

生物学因素指遗传和心理,对健康和寿命的影响占 15%。

人是由分子、细胞、组织、器官和系统构成的超高度复杂的个体,婴儿的出生是一个奇迹。这万物之灵有思想、会沟通,机体自身完成一系列生命现象:新陈代谢、生长发育、防御侵袭、免疫反应、修复愈合、再生代偿等,并按照亲体的遗传模式进行世代繁殖。遗传是不可改变的因素,但心理因素可以修改,保持一个积极心理状态是保持和增进健康的必要条件。影响健康的生物学因素包括由病原微生物引起的传染病和感染性疾病;某些遗传或非遗传的内在缺陷、变异、老化而导致人体发育畸形、代谢障碍、内分泌失调和免疫功能异常等。在社区人群中,特定的人群特征如年龄、民族、婚姻、对某些疾病的易感性、遗传危险性等,是影响该社区健康水平的生物学因素。

### (二)环境因素

环境因素包括自然环境与社会环境,对健康和寿命的影响占 17%。

所有人类健康问题都与环境有关。污染、人口和贫困,是当今世界面临的严重威胁人类健康的三大社会问题。社区的地理位置、生态环境、住房条件、基础卫生设施、就业、邻居的和睦程度等因素都不同程度地影响着社区的健康。社会环境涉及政治制度、经济水平、文化教育、人口状况、科技发展等诸多因素。良好的社会环境是人们健康的根本保证。

（三）卫生服务因素

卫生服务因素，对健康和寿命的影响占8%。

卫生服务的范围、内容与质量直接关系到人的生、老、病、死及由此产生的一系列健康问题。

（四）行为与生活方式因素

行为与生活方式因素，对健康和寿命的影响占60%。

这是指人们受文化、民族、经济、社会、风俗、家庭和同辈影响的生活习惯和行为，包括危害健康的行为与不良的生活方式。生活方式是指在一定环境条件下所形成的生活意识和生活行为习惯的统称。不良的生活方式和危害健康的行为已成为当今危害人们健康，导致疾病及死亡的主因。在我国，排名前三的死因是恶性肿瘤、脑血管和心脏病，这些疾病主要是由生活习惯和不良卫生行为引起的。

## 四、保持健康的策略

对大学生来说，保持健康主要是要求他们从自身做起，具体包括以下五个方面：

（1）努力提高自身的健康知识水平。许多事实表明，大学生中某些不良的生活方式和卫生习惯，往往是缺乏必要的健康知识所致。例如，不注意用眼卫生，导致近视眼发病率居高不下；不懂科学减肥的方法而盲目减肥，致使体重下降的同时身体也随之垮掉。相反，如果掌握了相关的健康知识，这类现象就几乎不可能出现。

（2）努力改善对待个人和公共卫生的态度。一个人对待个人和公共卫生的态度，是促使其将健康知识转化为行为和习惯的动力。这种态度的形成一方面来自学校健康教育的作用，另一方面也受到个人学习动机和所处环境的影响。

（3）努力增强自我保健能力和对社会健康的责任感。大学生应当充分利用健康教育和健康促进的理论和知识，经常对自己的健康状态进行评价，在发现身体有问题的时候要积极寻求指导或治疗。同时还应当认识到，注意个人健康不仅仅是个人问题，也是对社会的负责。因为社会是由我们每一个个体构成的有机整体，并且相互关联、相互促进、相互影响。

（4）努力形成有益于个人、集体和社会的健康行为和生活习惯。例如，远离毒品，不看黄色录像，不沉溺于网吧和不参与赌博等。同时，应当认识到偏离行为和不良习惯对个人和社会的危害性，要自觉加以克服。

（5）讲究心理卫生，促进心理健康。随着社会发展和人才需求的改变，当代大学生在面临挑战和机遇的同时，也承受着前所未有的心理压力。因此，当自己的理想和需要不能满足时，会产生焦虑和紧张情绪，严重时会产生心理卫生问题或心理障碍。此时，我们应当学会正确的排解方法，或及时到心理咨询部门寻求帮助。

## 五、促进健康的行为

（一）有规律的生活作息制度

人的生活要有规律，否则神经系统就不可能形成“动力定型”，从而使人的一切生理活动变得杂乱无章，生物钟被打乱，使人体各种器官总是处于疲于应付的紧张状态。久而久之，身体健康状况就会受到损害。大学生可以灵活支配的时间较多，每天从起床开始，晨练、吃饭、学习、休息、文化活动、自习和睡眠都有很大的余地和自主权，完全可以有规律、有节奏地安排好自己的作息时间。要学会自我控制，提高对遵守生活作息制度、讲究个人生活卫生的认识水平。否则，不仅容易养成生活懒散等不良习惯，也不利于增进健康和提高学习效率。

（二）积极的休息与睡眠

积极的休息是指通过变换工作和活动的方式，以协调机体各个部位的活动和大脑皮层的兴奋与抑制的转换过程，从而使机体保持动态平衡，让大脑得到休息。与之相反，消极的休息则是以静态为主，或坐或卧，睡眠被视为最彻底的休息。研究表明，充分的睡眠能恢复机体的疲劳，增加机体对各种紧张刺激的耐受程度，增进食欲，加速排泄，提高抵御疾病的能力，从而使机体能有充分的精力去迎接挑战。休息的方式因人、因时、因地而异，不可强拘一格。例如，从事体力劳动之后，休息方式最好采用文娱活动的形式，如听音乐、看电影；而在脑力劳动之后，休息时可参加一些体育活动，如打篮球、游泳等。

（三）合理营养和平衡膳食

营养与人类健康有着密切的关系。合理营养是维护健康的物质条件和前提。相反，营养失调会引起多种疾病。如由于各种原因机体长期缺乏某种营养素，造成代谢紊乱而引起的营养缺乏症，或者摄入的某种营养素超过机体的需要，过多的营养素贮存在体内，也会造成代谢紊乱而形成营养过剩症。心血管疾病、癌症与不合理膳食有着密切的关系。合理营养的关键是平衡膳食，主要指膳食中所含营养素（糖、脂肪、蛋白质、维生素、矿物质和水）的数量充足、种类齐全、比例适当，并且与机体的需要保持平衡。人的食物是多种多样的，各种食物所含的营养成分是不完全相同的。我们每天的食物应包括谷类和薯类（米、面、杂粮、马铃薯、甘薯等）、动物性食物（肉、禽、鱼、奶、蛋）、豆类及其制品、蔬菜及水果和纯热能食物（动植物油、食用糖、酒类）。中国营养学会常务理事会于 1997 年通过了《中国居民膳食指南》，对平衡膳食提出了以下八点建议。

（1）食物多样，谷类为主。

（2）多吃蔬菜、水果和薯类。

（3）每天吃奶类、豆类及其制品。

（4）经常吃适量的鱼、禽、蛋、瘦肉，少吃肥肉和荤油。

（5）膳食要适量，并与体力活动平衡，保持适宜体重。

（6）吃清淡少盐的膳食。

(7)饮酒应限量。

(8)吃清洁卫生未变质的食物。

### (四)科学锻炼身体

科学的体育锻炼可以达到促进生长发育、提高适应能力、增强体质、防治疾病、延缓衰老、延长寿命的目的,还可以丰富生活、增添乐趣、调节情绪。但是,我们也应当知道体育锻炼是把双刃剑,如果不遵守人体运动的基本规律,不遵守科学体育锻炼的原则,体育锻炼不仅不会增进健康,还会破坏健康。科学的体育锻炼的基本原则包括以下几种。

**1. 从实际出发的原则**

从实际出发的原则是指锻炼身体应从个人实际情况和外界环境条件的实际出发,确定锻炼目的,选择适宜的运动项目,合理地安排运动时间和运动负荷。由于性别、年龄、体质和健康状况的差异,体育锻炼就要从自己的实际出发,有目的地选择和确定运动项目、练习方法,合理地安排锻炼时间和运动负荷。在每次锻炼前,都要评估自己当时的健康状况,使运动项目的难度和强度不超过自身的承受能力。

**2. 循序渐进的原则**

循序渐进是人体适应外界环境的基本规律。人体对环境的适应,是一个缓慢的、从量变到质变的过程,要想身体由弱变强,身体各器官、各系统功能必须逐渐适应提高。因此安排锻炼内容、难度、时间及负荷等方面要根据人体发展规律,有计划、有步骤地逐步提高要求,使人体在不断适应的同时,体质得到增强。例如,进行体育锻炼时,当机体对一定运动负荷产生适应之后,这种负荷对机体的刺激会减弱,此时,可适当增加练习时间和次数,然后让机体产生新的适应。运动负荷要由小到大,逐渐提高。

**3. 持之以恒的原则**

持之以恒的原则是指锻炼身体要有连续性和系统性,只有安排适合自己兴趣、爱好的运动项目,科学地制订健身计划,经常参加体育锻炼,才能持续有效地增强体质,人体的基本活动能力和运动技术水平才能不断提高。运动"贵在坚持,贵在适度",运动不能一曝十寒,运动必须持之以恒,不可半途而废,即使不能每天锻炼,每周也要锻炼 3 ~5 次并持续下去。

**4. 全面锻炼的原则**

全面锻炼的原则指参加运动锻炼时,不仅有上下肢、躯干等不同部位的活动,更重要的是应包括多种不同性质的活动,使身体生长匀称,全面发展。锻炼可以一个主要运动项目为主,然后辅以多个锻炼内容的锻炼方法,使身体形态、身体机能、身体素质和心理品质得到全面和谐的发展。

### (五)避免吸烟和被动吸烟

吸烟是目前危害人类健康的不良行为之一。每年全世界死于吸烟相关疾病的人数达 300 万人。我国是世界烟草消费大国,现在的吸烟人数超过 3 亿,为全世界吸烟者的 1/4。有专家预测:如果中国人吸烟习惯不改,40 年后因吸烟造成的死亡人数由目前的每年 10 万人增加到每年 200 万人。另有预测，到 2050 年，我国将有 500 万人死于与吸烟相关的疾病，其中低龄和女性的比例将增加。

人们已经认识到吸烟的危害和健康的重要性，不吸烟、拒绝吸“二手烟”必然会成为社会主流趋势。大学生首先应从自身做起，不吸烟，并且积极劝导他人不吸烟。吸烟的人则要尽快戒掉这个不良习惯。

### (六)避免酗酒和药物滥用

在日常生活中，饮酒是一种十分常见的饮食行为或某些人群的生活习惯。一般，少量饮用含低度酒精的饮料不会对身体健康造成破坏。但无节制地过度饮酒或经常饮酒，则会给身体健康带来极大的危害。换句话说，酗酒会对我们的身体健康造成破坏从而影响学习和生活。

除了酗酒，药物滥用也是危害身体健康的不良行为。据世界卫生组织和国际刑警组织估计，全世界各种形式的药物滥用者逾 2 亿人，每年死于毒品成瘾和相关疾病的人数超过百万。药物滥用在许多国家已成为仅次于心血管疾病和恶性肿瘤的排名第三的致死病因。大学生正处于人生的成熟阶段，应该自觉抵制各种诱惑，提高自身的控制能力和对事物的辨别能力。这些正是预防药物滥用的基本保障，要提高认识，防患于未然。

### (七)避免不洁性行为

性传播疾病是指由性行为接触作为主要传播方式所引起的一类疾病的总称，如不洁性行为可以引发性病。从世界范围来看，性传染疾病的流行情况是病原体与性病种类明显增多，感染率和发病率逐年上升，流行范围不断扩大，危害程度日益严重。淋病、梅毒等经典性病仍未得到有效控制，以病毒(艾滋病等)为主的现代性病流行日益明显。在一些西方国家的疾病构成中，性疾病占有重要位置，尤其是淋病，在传染性疾病报告中常居首位。

因此，我们一方面要认识到性传播疾病对个人、家庭和社会的危害；另一方面要认识到性传播疾病是可以预防的。大学生要加强自身修养，洁身自好，信守一夫一妻制，注意性生活卫生，使用避孕套等保护措施，并且学习性生理和性卫生知识，培养健康的性心理。

### (八)及时调控情绪问题

情绪是一种身心一体的反应，往往伴随着生理的变化。一定的情绪往往伴随着一定的内脏器官、内分泌腺和神经系统的生理变化，如血压高低的变化、呼吸速率的变化、肠胃运动的变化、瞳孔大小的变化等生理反应，但人体又具有较强的适应性和耐受性，故一般的情绪因素不至于促发疾病。只有当外界刺激达到一定强度，超越了人体的适应性和耐受性时，才会引发异常情绪反应，如果持续过久，就容易促发疾病。

因此，平时就要从心理上建立并强化防病意识，掌握防病的主动权，驾驭正确的心理思维、言语行为。例如，在心理思维上，要树立正确的人生观，从而把握心理平衡，维系良性心理及生理功能，避免或消除一些来自心理方面的疾患。而在言语行为上，则注意对人格、形象、健康、他人的利益等方面的作用及影响，这就要求每个人自尊、自爱和自重。只有这样，才能做一个心理健康的人，真正把握和行使好防病的主动权，努力做情绪活动的主人。

(九)寻求心理咨询

心理咨询是由心理学家或有资格的咨询人员对来咨询者进行各种心理方面的帮助，对他们在学习、生活或社会交往过程中所遇到的心理卫生问题给予解释、劝告，并提出解决的办法和建议，传授心理学的基本知识等。

心理咨询不同于一般的安慰，它不仅使人开心，更使人成长。这里的成长就是通过咨询的过程，使咨询者提高心理素质，自己想通了，认清了问题的本质，知道了该怎么做，就达到了人们常说的心理平衡。可以看出，心理咨询力图使个人将不愉快的经历转化为自我成长的良机。它竭力使人们积极地看待个人所受的挫折和磨难，从危机中看到生机，从困难中看到希望。从这层意义上讲，心理咨询也帮助人们学会辩证地看待生活中的忧愁和烦恼。但这一切不是靠指教和劝导得来的，而是靠启发和领悟获得的。用美国著名心理学家马斯洛的话来讲，心理咨询就是要使人获得"顶峰的体验"。因此，以往那种旧的观念，认为心理卫生问题不是疾病，或者认为是病，但又羞于启齿，怕别人笑话而不愿或不敢去进行心理咨询的做法是非常错误的。每个人可能都会在某个时期产生心理卫生问题，一定要及时寻求心理咨询。

# 第二节　健康的四大基石

生活水平提高了，健康模式和疾病谱也发生了重要改变，过去严重危害人们健康的传染病不少已被消灭和控制，但2019年年末突如其来的新型冠状病毒却让全世界面临着一场前所未有的健康危机。它提醒我们健康的生活方式非常重要，我们每个人都需要通过健康的生活方式来杜绝病毒威胁人们的生命与健康。

当然除了突如其来的病毒，一些慢性非传染性疾病，如心脑血管病(高血压、冠心病等)、恶性肿瘤、糖尿病等，以及精神疾患、意外伤害成为威胁人们生命与健康的常见病、多发病。这些疾病的发生与个人不健康的生活方式和行为习惯有密切关系，又称生活方式病。预防这些疾病的根本办法是提倡自我保健，改变不良行为习惯，建立科学、文明、健康的生活方式。

1992年，世界卫生组织在著名的《维多利亚宣言》中首次提出健康四大基石概念，即合理膳食、适量运动、戒烟限酒、心理平衡。做到这四点，便可解决70%的健康行为问题，使平均寿命延长10年以上。中国工程院院士、原卫生部脑卒中筛查与防治工程委员会副主任王陇德也曾公开强调，抓好健康四大基石对现代人的健康至关重要。

## 一、合理膳食

合理膳食又称平衡膳食，是指能满足合理营养要求的膳食。从食物中摄入的能量和营养素在一个动态过程中，能提供机体一个合适的量，避免出现某些营养素的缺乏或过多而引起机体对营养素需要和利用的不平衡。合理膳食是合理营养的唯一途径,也是反映现代人类生活质量的一个重要标准。

大家知道,人在生长发育过程中需要不断地从外界摄取食物,从中获取能量并合成自身组成细胞。汲取养分这个过程称为营养,可被吸收利用的物质称为营养物质。膳食所提供的营养和人体所需的营养恰好一致,即人体消耗的营养与从食物获得的营养达成平衡,这称为营养平衡。合理膳食需做到以下两点。

**1. 膳食中应该有多样化的食物**

人们知道,人体需要各种营养素,不是几种食物就能包含人体所需的全部营养素。如果只吃一两种或少数几种比较单调的食物,就不能满足人体对多种营养素的需要,长期吃较单调的膳食对生长发育和身体健康是不利的。因各种食物中所含的营养素不尽相同,只有吃各类食物,才能满足人体对各种营养素的要求。

**2. 膳食中各种食物的比例要合适**

人的身体需要各种营养素,而各种营养素在人体内发挥作用又是互相依赖、互相影响、互相制约的。例如,人体需要较多的钙,而钙的消化吸收必须有维生素 D 参与完成。维生素 D 是脂溶性维生素,如果肠道里缺少脂肪,它也不能很好地被肠道吸收,只有在吃维生素 D 的同时,吃一定数量的脂肪,维生素 D 才能被吸收。由此可见,各种营养素之间存在一种非常密切的关系,为了使各种营养素在人体内充分发挥作用,不但要注意各种营养素齐全,还必须注意各种营养素比例适当。

因此,我们的一日三餐应该做到主食有粗有细,副食有荤有素,既要有动物性食品和豆制品,也要有较多的蔬菜,还要经常吃些水果,这样才能构成营养平衡。

## 二、适量运动

适量运动被列为健康的第二大基石,说明运动对健康是非常重要的因素,早在 1952 年,毛泽东同志就为新中国体育工作提出了“发展体育运动,增强人民体质”的口号。科学研究和实践也证明:运动可以疏通经络,行气活血,提高人体的生理功能和免疫功能,改善亚健康状态,增强体质,防治疾病,延缓衰老,快乐生活。

适量运动是指运动者根据个人的身体状况、场地、器材和气候条件,选择适合的运动项目,使运动负荷不超过人体的承受能力。

适量运动以在运动后感觉舒服,不疲劳,不会气喘,不影响一天的工作、生活为宜。如果运动后,一天感到疲劳、劳累、腰酸腿疼、什么也不想干了,那就是运动过量了。运动过量最大的问题就是容易造成免疫力下降,从而导致疾病的发生,运动过后,会出现上火、咽喉肿痛、浑身无力、精力不集中等现象。这样,不但达不到锻炼的目的,反而会损伤身体。

当然,运动不足也达不到锻炼的目的。养生专家认为,人的运动量应以每天不少于一小时为宜。适量运动是保持脑力和体力协调,预防、消除疲劳,防止亚健康、延年益寿的一个重要因素。切忌在疲劳到极点时参加运动,此时运动对人体有害无益。

## 三、戒烟限酒

健康的第三大基石就是戒烟限酒。烟酒已然成为很多人生活中不可或缺的一部分，烟酒也是危害心血管健康的重要因素之一。

2016 年，一个由美、日、英等国家的专家组成的联合研究小组在《科学》杂志上发表论文，称每天一包烟的烟民，在一年时间里，可以使每个肺细胞累计增加 150 个基因突变，同时也会使每个喉部细胞增加 97 个基因突变。除此之外，还会造成咽部、膀胱、肝脏中细胞的基因突变。基因突变会引起遗传疾病和癌症。

2018 年，英国的科学家在《自然》杂志上发表论文，揭示了酒精是如何破坏染色体和突变干细胞。他们给小鼠提供了乙醇，通过染色体分析和 DNA 测序来检查酒精代谢产物乙醛引起的遗传损伤，结果发现乙醛会破坏血液干细胞内的 DNA，导致染色体重排并永久改变这些细胞内的 DNA 序列。当健康干细胞出现故障时，它们会引发癌症。

看了以上两篇权威论文，我们知道烟酒对身体的危害，应该做到以下两点。

**1. 对烟零容忍**

2017 年 10 月，世界卫生组织国际癌症研究机构公告显示，吸烟在一类致癌物清单中。

英国牛津大学的一项研究报告显示：11 种癌症（肺癌、胃癌、食管癌、胰腺癌、膀胱癌、肾癌、粒细胞白血病、肝癌、口腔癌 、喉癌、口咽和下咽癌）的死亡率与吸烟显著相关。

所以我们应该对烟零容忍，医生和药师都劝导大家戒烟。不仅要戒烟，还要防范二手烟、三手烟的危害。

**2. 对酒设立警戒线**

2012 年，全球 5.5% 的新发癌症病例以及 5.8% 的癌症死亡病例归因于酒精。在中国，每 5 个死于癌症的人当中就有 1 人是因为酒精摄入过量，同时中国酒精性肝病患者人数正以惊人的速度上升。

根据世界卫生组织发布的 2018 全球酒精与健康报告，全球每年约有 300 万人死于饮酒。英国科学月刊《成瘾》曾发表文章指出酒精可以致癌，并且至少与 7 种癌症相关，包括口咽癌、喉癌、食道癌、肝癌、结肠癌、直肠癌、乳腺癌等。

但也有研究报告显示，少量饮酒能降低心血管疾病的发病率，但这种观点被证实是不准确的，美国临床肿瘤学会（ASCO）明确指出：酒精是重要的致癌因素。越来越多的研究发现，饮酒过后酒精代谢物乙醛等对血管的刺激可造成血管内皮的损伤，而这种损伤使得血管内表面变得凹凸不平甚至产生破损，从而给脂肪的沉积创造了条件，反而成为高血压及心脑血管病发生的危险因素。

因此，现如今对饮酒的理念是：能不喝就不喝。

## 四、心理平衡

健康的第四大基石就是心理平衡。心理平衡是健康长寿的重要保证，更是生活幸福的根本原因。如果心理不平衡，就算是世界首富也未必就有幸福的生活，因为他也无法事事如愿,再多的金钱也买不来开心的一笑。我理解,所谓心理平衡就是阴阳互补、福祸转换、得失并存、荣辱共在,这正是哲学上的对立统一规律。宇宙是平衡的,太阳系是平衡的,我们赖以生存的地球对外对内都是平衡的,我们的心理更应当平衡,一旦失去平衡,后果不堪设想。现代医学发现,人类65%～90%的疾病与心理压抑有关。紧张、愤怒、敌意等不良情绪容易破坏人体免疫系统,易患高血压、冠心病、动脉硬化等,严重伤害身体健康。

在现实生活中不如意的事总是难以避免的。如果不能处之泰然,就很容易引起心理不平衡,导致身体和精神上的疾病。心理医生认为,要做到心理平衡应做到以下几点。

(1)不对自己过分苛求。古语云:"人生不如意十之八九。"失意是每个人无法免却的人生体验,所谓世事论沧桑。如果万事要求十全十美,那么稍有瑕疵,必然要陷入自寻烦恼的泥坑。

(2)对他人期望不要太高。每个人都有自己的缺点和优点,不能要求人人和你一样,否则必然大失所望,心情压抑、烦恼无穷。

(3)疏导自己愤怒情绪。对一些挫折能潇洒一笑,这是保持心理平衡和良好心境的最佳途径。

(4)偶尔亦要屈服。一个做大事的人,处事要从大处看。因此,只要大前提不受影响,在小处,有时亦不必过分坚持,以减少自己的烦恼。

(5)暂时回避。在生活受到挫折时,应该暂时将烦恼放下,去做你喜欢做的事,如运动、睡眠或看电视等,待到心情平静时,再重新面对自己的难题。

(6)找人倾诉烦恼。把所有的忧郁埋藏在心底,只会加剧自己的苦恼,如果把内心的烦恼告诉给你的知己朋友,心情会顿感舒畅。

(7)为别人做些好事。助人为乐为快乐之本,帮助别人可使自己忘却烦恼,并且可以确定自己的存在价值,获得新的友谊。

(8)不要处处与人竞争。其实,只要不把别人看成对手,别人也不会与你为敌,人之相处和为贵,不要树敌太多。

(9)对人表示善意。没有人会拒绝你的微笑,你的善意。

(10)娱乐。这是消除心理压力的最佳方法。

# 第三节　亚健康

## 一、亚健康的定义

世界卫生组织把人的健康状态分为三种:健康状态、病态和亚健康状态。通常人们又把健康称为人体的第一状态,把身患疾病称为第二状态,而把介于健康与疾病之间的生理状态称为第三状态。第三状态也称疾病前状态或亚健康状态。所以亚健康的明确定义应该是:无明确疾病(包括生理的和心理的),但却表现为身体衰弱、精神活力下降、对外界适应能力减弱、劳动能力降低甚至丧失的状态。

事实上,在两千多年前的中国古代,就已经对亚健康状态有了一定的认识与讨论。比如,我们通常说患了疾病,但在古代“疾”与“病”含义不同。“疾”是指不易觉察的小病(疾),如果不采取有效的措施,就会发展到可见的程度,便称为“病”。这种患疾的状态,有似于现代科学所谓的“亚健康”或“第三状态”,在中医学中称“未病”。

“未病”不是无病,也不是可见的大病,按中医观点而论是身体已经出现了阴阳、气血、脏腑等方面的不平衡状态。我们的祖先除积极寻找除疾之法外,还积累了许多预防疾患的措施。《黄帝内经》有曰:“圣人不治已病治未病,夫病已成而后药之,乱已成而后治之,譬犹渴而穿井,斗而铸锥,不亦晚乎?”由此可鲜明地看出我们的祖先已深刻认识到对疾病“未雨绸缪、防患未然”的重要性,意识到未病先防是保持健康的根本大法。正常机体在一定限度内通过自我调节,维持人体阴阳气血、升降出入的相对平衡。如若出现一定限度内的偏失,而并未形成显著疾病的状态即为亚健康。

## 二、亚健康的十大典型表现

产生亚健康状态的原因很多,主要是来自工作和生活方面的压力。这些因素不断地影响人们,久而久之,人们的心理就容易出现偏差,行为就容易出现异常,从而引起情绪不佳、心理不安、喜怒无常,也就是人们所说的亚健康状态。

(1)失眠不安,情绪异常。其主要表现为心慌气短,胸闷憋气,心烦意乱,惶惶无措,夜寐不安,多梦纷纭,情绪无常,时而焦虑易怒,时而郁郁寡欢。

(2)汗出津津,经常感冒。经常自汗、盗汗、出虚汗,自己稍不注意就容易感冒,平素怕冷。

(3)舌赤苔垢,口苦便燥。舌尖发红,舌苔厚腻,口苦、咽干,大便干燥或便秘、小便短赤等。

(4)面色无华,目光少神。面色无华,憔悴;双目周围,特别是眼下灰暗发青,眼睛无神,时而呆滞。

(5)四肢发胀,目下卧蚕。有些中老年妇女,晨起或劳累后足踝及小腿肿胀,下眼皮肿胀、下垂。

(6)指甲成像,变化异常。中医认为,人体躯干四肢、脏腑经络、气血体能信息层叠融会在指甲上成像,称为甲象。如指甲出现卷如葱管、相似蒜头、剥如竹笋等,均为甲象异常。

(7)潮前胸胀,乳生结节。女性在月经到来前两三天,四肢发胀、胸部胀满、胸胁窜痛,妇科检查,乳房常有硬结,应给予特别重视。

(8)口吐黏物,呃逆胀满。常有胸腹胀满、大便黏滞不畅、肛门湿热之感,食生冷干硬食物常感胃部不适,口中黏滞不爽,吐之为快。

(9)体温异常,倦怠无力。手心热、口干或总是手脚冰凉,畏寒怕冷,体温低于 36 摄氏度。常感全身倦怠无力,腰酸背痛,颈肩僵硬,劳累后持续不适,通过休息也难以很快恢复。

(10)视力模糊,头胀头疼。平时视力正常,突感视力下降(非眼镜度数不适),且伴有目胀、头疼,记忆力下降。

## 三、产生亚健康状态的原因

现代医学认为，造成身体出现亚健康状态的原因，简言之，主要包括行为生活方式因素、环境污染因素、社会因素、综合因素。更为具体地讲，主要有以下几个方面。

(1)心理失衡。古人云：万事劳其行，百忧撼其心。高度激烈的竞争、错综复杂的各种关系，使人思虑过度，素不宁心，不仅会睡眠不良，甚至会影响人体的神经体液调节和内分泌调节，进而影响机体各系统的正常生理功能。都市白领人群由于其特定的学历与阅历、能力与财力，往往好胜心强，对职业选择、薪金待遇等的期望值较高，因此心理失衡或许比其他群体更为严重。

(2)营养不全。现代人饮食往往热量过高，营养素不全，加之食品中人工添加剂过多，人工饲养动物成熟期短、营养成分偏缺，造成很多人体重要的营养素缺乏和肥胖症增多，机体的代谢功能紊乱。都市白领由于工作压力大，生活节奏快，快餐熟食便成为他们的主要饮食方式，所以营养不全在这一群体中也较为普遍。

(3)环境干扰。科技发展、工业进步、车辆增多、人口增加，使很多居住在城市的人群生存空间狭小，备受噪声干扰，对人体的心血管系统和神经系统产生很多不良影响，使人烦躁、心情郁闷。都市高层建筑林立，房间封闭，一年四季使用空调，都市白领往往长期处于这种环境当中，空气中的负氧离子浓度较低，使血液中氧浓度降低，组织细胞对氧的利用降低，影响组织细胞正常的生理功能。

(4)逆时而作。人体在进化过程中形成了固有的生命运动规律（即生物钟），它维持着生命运动过程气血运行和新陈代谢的规律。逆时而作，就会破坏这种规律，影响人体正常的新陈代谢。这种状况在都市白领中更为突出。

(5)锻炼不当。生命不仅在于“动”，同样也在于“静”。动以练形，静以养神，唯有动静结合，形神合一，才是心身保健的第一要务。人体在生命运动过程中有很多共性，但是也存在着个体差异。因此，锻炼也是一个个体性很强的内容。每个人在不同时期，身体的客观情况都处在动态变化之中。锻炼不当必然会损坏人体健康。

(6)用药不当。用药不当不仅会对机体产生一定的副作用，而且还会破坏机体的免疫系统。如稍有感冒，就大量服用抗生素，不仅会破坏人体肠道的正常菌群，还会使机体产生耐药性；稍感疲劳，就大量服用温阳补品，本想补充营养，但实际是在抱薪救火。

(7)内劳外伤。外伤劳损、生活无序容易引起各种疾病。人的精气如油，神如火，火太旺，则油易干；神太用，则精气易衰。只有一张一弛，动静结合，劳逸结合，才能避免内老外伤引发各种疾患。

## 四、亚健康的预防

“正气存内，邪不可干；邪之所凑，其气必虚”，“不治已病，治未病”，要走出亚健康状态，科学调理是关键，专家把这种调理概括为“五要”。

(1)保持心理健康。“百病皆生于气”，“怒则气上，喜则气缓，悲则气消，恐则气下，惊则气乱，思则气结"，保持乐观条达的心情，宠辱不惊，使情感波动不过于激烈，保持气血调畅，脏腑功能才不受影响。在人的一生中，难免会出现痛苦和烦恼，最重要的是通过心理调节保持和迅速恢复良好的心态，切忌情绪先行，只有调节好情绪，才能解决好问题。总之，心理保健关键要进行自我修养方面的锻炼，提高自我调控能力，培养自己的兴趣爱好，要淡化和松弛自己的情绪，正视现实，多找乐趣或改变环境，正确处理人际关系等，家庭和睦对情绪的影响很大。其目的就是要达到心理平衡。

(2)合理膳食。"民以食为天"，饮食对于人非常重要。但饮食过多，超过人体负荷，又可以发病。中医认为"饮食自倍，肠胃乃伤"，"膏粱之变，足生大丁"。不断补充营养是保持人体精力充沛的前提，处于亚健康状态者的每日膳食应注意饮食要有节制、要适度，不可过多，要有科学性，要讲究营养的合理搭配，要遵循"早餐吃好、中餐吃饱、晚餐吃少"的原则，保证身体必需的营养和能量就够了，不要过量。

(3)学会倾诉。倾诉是缓解心理压力、排除烦恼的重要方式。当今社会，人们的压力越来越大，生活中让人烦心的事也越来越多。当我们遇到压力和烦恼时，应敞开心扉，及时向朋友、同事和亲人倾诉，以获得精神支持。烦恼时向他人倾诉和求助，有益于减轻生活压力，减少疾病的发生与复发。

(4)适当运动。据调查，目前我国亚健康人群高达75%，精神过度紧张、身体运动不足、公害问题严重、身体营养过剩是妨碍健康的主要因素。要克服这些因素，光靠药物是不能解决问题的，必须加强锻炼，因为运动是走向健康的重要途径。现代研究发现，慢跑、走路、太极拳等可以使人心情舒畅，消除消极情绪，脱离病态心理，改善微循环，提高白细胞的吞噬能力，调节内分泌，对神经系统、呼吸系统、消化系统和心血管系统有明显的保健作用。运动不仅对身体有益，而且还能促进心理的健康与情绪的稳定，从而有效地控制和预防亚健康。

(5)穴位按摩调节。经络是人体内脏与体表联系的通路，它能运行气血，联络脏腑，沟通内外，贯通上下。经络具有传导感应、调节气血、调节虚实等功能。穴位按摩是通过刺激经络和腧穴，调节脏腑组织功能，泻其有余、补其不足，促使人体气血流通、阴平阳秘。平时也可以经常按摩或艾灸足三里、太阳、风池、大椎等穴位，可以起到健脾和胃、强身健体、醒脑开窍、增强记忆力等作用。

# 第三章　运动环境卫生与营养卫生

环境是以人类为中心的所有客观外界条件,是与人类生活和生产活动密切相关的各类因子组成的结果。人类生存的空间及其中可以直接或间接影响人类生活和发展的各种自然因素称为环境。人体与环境是相互作用的,任何生命体都需要不断通过周围环境进行物质和能量交换来维持生命。因此,通过研究人体与环境之间相互作用的规律,运用科学的知识和方法利用环境、改造环境、保护环境,从而消除、避免或控制某些有害环境因素对人体的影响具有重要的意义。

## 第一节　环境与健康

人类与其生存的外界环境(社会环境和自然环境)之间始终保持着动态平衡,即人类通过调节自身以适应外界环境的不断变化。与此同时,人类也通过改造外界环境来满足自己生活的需要。环境的好坏可以用来形容我们生活的品质,环境也是影响健康的因素。人类活动对整个环境的影响是综合性的,而环境系统也从各个方面反作用于人类,其效应也是综合性的。人类与其他的生物不同,不仅以自己的生存为目的来影响环境,使自己的身体适应环境,而且为了提高生存质量,通过自己的劳动来改造环境,把自然环境转变为新的生存环境。这种新的生存环境有可能更适合人类生存,但也有可能恶化了人类的生存环境。在这一反复曲折的过程中,人类的生存环境已形成一个庞大的、结构复杂的、多层次、多组元相互交融的动态环境体系。

### 一、环境的分类

环境分类一般以空间范围的大小、环境要素的差异、环境的性质等为依据。

人类环境习惯上分为自然环境和社会环境。

自然环境也称地理环境,是指环绕于人类周围的自然界。它包括大气、水、土壤、生物和各种矿物资源等。自然环境是人类赖以生存和发展的物质基础。在自然地理学上,通常把这些构成自然环境总体的因素,划分为大气圈、水圈、生物圈、土圈和岩石圈等五个自然圈。

社会环境是指人类在自然环境的基础上,为不断提高物质和精神生活水平,通过长期有计划、有目的的发展,逐步创造和建立起来的人工环境,如城市、农村、工矿区等。社会环境的发展和演替,受自然规律、经济规律以及社会规律的支配和制约,其质量是人类物质文明建设和精神文明建设的标志之一。

如果按照性质来分类,可分为物理环境、化学环境和生物环境等。

如果按照环境要素来分类,可分为大气环境、水环境、地质环境、土壤环境及生物环境。

通常,按照人类生存环境的空间范围,由近及远、由小到大地可分为聚落环境、地理环境、地质环境和星际环境等层次结构,而每一层次均包含各种不同的环境性质和要素,并由自然环境和社会环境共同组成。

## 二、保护环境与绿化

生产的发展、自然资源的开发和利用,常常引起生态破坏、环境污染,严重影响着人类的生活与健康。为维护和改善人类生活的环境,各级政府制定了许多法律法规,规定防护环境卫生的措施,重点要做好工业“三废”的治理工作、农业污染和生活污染的预防和整治工作,大规模地进行退耕还林、植树造林,创造一个有利于身心健康的优美环境。绿色植物有以下几个重要作用。

### (一)植物可以吸收和净化空气

绿色植物在进行光合作用时吸收二氧化碳并释放出氧气。植物的光合作用释放出的氧比其呼吸作用消耗的氧高出20倍左右,大大地补充了大气的氧含量。

### (二)植物可以吸收大气中的有毒气体

植物对有毒气体的吸收量与植物表面的粗糙度成正比,吸收速度与其相对湿度成正比。例如,氟化氢是一种无色、有臭味的剧毒气体,它是在玻璃、陶瓷、钢铁、磷肥生产过程中产生的,对人体的危害比二氧化硫高20倍,而西红柿、扁豆、橘子叶、女贞、洋槐等都能吸收氟化氢。

### (三)植物有过滤空气和吸附粉尘的能力

植物叶面叶脉交错、茸毛密布,有的植物还会分泌油脂,这些特性均有阻挡、吸附和黏着粉尘的作用。在选择树种时,可根据环境特点、种植方式和面积科学地选择,以便更好地发挥其过滤和吸尘作用。

植物分泌的杀菌素还具有杀菌作用。如洋葱、大蒜汁能杀死葡萄球菌、链球菌及其他细菌,松树可杀灭白喉状杆菌、结核分枝杆菌、伤寒杆菌等。植物还对放射性物质起净化作用,能隔音和防噪声。

植物还有减少水土流失,调节温度、湿度和防止热辐射的作用,故绿化环境是净化环境、提高人类生活质量的重要措施。

# 第二节　运动建筑设备的要求

## 一、运动建筑设备的一般要求

运动建筑设备的一般要求,包括运动场馆修建时位置的选择、坐落方向、采光与照明、通风、采暖与降温。

位置的选择要合理,注意避开环境污染区,要交通方便,利于群众进行体育活动,便于绿化,靠近水源。

室外运动场的方位最好是长轴与子午线平行(正南北方向)或长轴与主导风向垂直。室内场馆自然采光时,最好坐北朝南;若采用人工照明,则一般不考虑其坐落方向。

采光与照明可分为自然采光和人工照明。自然采光是指白天利用窗户射入室内的自然光线,其评定指标为采光系数和自然照度系数。采光系数即窗户面积与室内地面面积的比例,其标准是1∶5～1∶3。自然照度系数是指在散射光线条件下,室内照度与室外照度的百分比(用照度计测量),系数越大,光线越好。人工照明是指利用电灯照明。人工照明的要求是光线必须充足,室内照度系数不能小于50勒克斯,且光线均匀、不闪烁、不炫目刺眼、不产生浓影、不污染空气、不显著提高温度。放射光谱最好接近日光谱。

运动建筑物必须有良好的通风设施,以排出室内污浊的空气,保持室内空气卫生。可采用门、窗、通风孔或风扇、空调等。

建筑物的采暖、降温设备应尽量保证室内有适宜的气温(23～25摄氏度),并保证室内各处室温相对均匀、稳定(温差不超过2～2.5摄氏度)。我国地域广阔,自然气候差异很大,采暖与降温的方法尽量适应当地的自然条件。

## 二、室外运动场地与设备的要求

### (一)田径场

田径场的跑道应平整结实、富有弹性、无浮土;晴天需要保持一定的湿度,雨天还应便于雨水的排放,防止积水;应有100米以上的直线跑道。跳跃场地的助跑道要求与跑道相同,并且其方向要避开阳光的垂直照射。踏跳板应与地面平齐,沙坑的边缘宜为木质材料制成,并与地面平齐,坑内应填入锯末与干净沙子的混合物(锯末∶沙=3∶7),使用前应掘松、耙平。

跳高或撑竿跳高的沙坑内放置较厚的、高出地面的锯木屑或海绵包。投掷区必须与其他运动场地分开,在一个投掷区内不允许同时进行几种投掷运动,不允许同时面对面投掷。铁饼和链球场地应设置护笼,以确保安全。

室外单双杠、高低杠、爬杆、吊环等固定器械要经常检查有无螺丝锈蚀、松动或断裂,发现问题要及时修理。

一个标准的田径场一般由外场、中场及内场3部分组成。

外场：径赛跑道外侧余地所占有的空间。一个大型田径运动场地在此部分要修建看台或其他有关设施，它的大小是根据空地面积与设计要求来决定的。如一个仅供教学和训练的田径场外场仅占几米，而标准田径场四周要留有几十米的空间。

中场：径赛跑道所占有的空间。一个标准田径场一般要设8～10条分道，每条分道宽1.22～1.25米。

内场：供田赛或球类比赛使用的部分。一个标准的田径场内场，可修建一个标准的足球场。

标准半圆式400米田径场的跑道由两个180°的半圆（弯道）和两个直段组成。

#### （二）球场

球类场地中，篮球、排球场地应平坦结实，无碎石、浮土，不滑，地面软硬适宜（水泥场地地面硬度较大，三合土地面硬度较合适）。足球场最好有草皮（或人工草皮）。在干燥的季节，在上课、训练或比赛前半小时，应洒一次水，以免尘土飞扬。球场四周2～2.5米范围内不应设置任何障碍物，如观众座椅、立柱或树木等，以免撞伤。

#### （三）游泳池

游泳池最重要的要求是池水清洁，因为池水直接与人的皮肤、眼睛、口和鼻腔接触。如果水质不符合卫生要求，就可能引起眼结膜炎、肠道病、真菌病的传播。因此，每天都应对水质进行检查和化验，水质必须符合规定的标准。其标准为：pH值为7.2～8，余氯含量为0.2～0.5毫克/毫升，细菌数每毫升不超过1 000个，大肠埃希菌每毫升不超过3个。游泳池应设有深水区和浅水区，池底倾斜度不宜太大。池边设置果皮箱及淋浴室，入池以前必须先淋浴，以减少池水污染。入池游泳者应穿深色游泳衣裤。

选择游泳场要注意水源必须清洁，不为工业废水或生活污水所污染。水源应是流动的，应注意水底是否有污泥洼坑、水草树根、尖石和漩涡等。海滨游泳场还应圈出安全区，设置安全防护网，以防鲨鱼袭击等。水底最好是沙底或卵石底，水深在1～1.8米，水流速度以不超过0.5米/秒为宜。

游泳者必须有当年健康合格证，患有病毒性肝炎、肺结核、肠道传染病、心脏病、眼结膜炎、皮肤病、严重沙眼、中耳炎、癫痫、梅毒者及精神病患者等，不得入池游泳。

游泳池必须建立严格的卫生安全管理制度，配备经过培训的具有游泳专业技术和救护知识的人员和卫生工作人员，以对游泳者进行游泳救护和管理。

### 三、室内运动建筑设备的要求

#### （一）体操馆

体操馆的使用面积，平均每人不得少于4平方米。室内的光线必须充足，采光系数应为1∶5～1∶3（采光系数=窗户面积/室内地面面积），人工照明度不得低于50勒克斯，以200勒克斯为宜。光线要均匀,不闪烁、不炫目、不产生重影、不污染空气、不显著提高温度。通风良好,地面最好安装木质地板,要求平坦坚固,没有裂缝,周围墙壁应齐平,不能有突出的部分或雕刻装饰。馆内应保持清洁,器械和垫子表面不能有灰尘,每天清扫一次,最好用吸尘器或湿布清扫,以防止滑石粉和其他灰尘飞扬。进馆时必须穿软底鞋。

馆内器械配制必须符合年龄特征、性别特征和技术规格要求。布置要合理,项目之间有一定距离,互不干扰。安装要牢固,经常检查并及时维修,助跑道表面及弹跳板上应覆盖有防滑胶皮,器械应安放一定厚度的垫子,垫子软硬适度,表面平坦而不滑。两块垫子之间不能留有间隙,以防发生外伤事故。

#### (二)球类馆

球类馆内光线必须明亮、均匀、无阴影。自然采光系数不低于1∶5～1∶3,若需夜间活动,人工照明要求有50～200勒克斯的照度。室内灯光距离地面的高度,篮球馆不低于7.5米,排球馆不低于8.5米。灯光安装要科学合理,灯具发光要柔和,既有亮度又耐用,因在室内进行剧烈活动易使空气受到污染,故必须有良好的通风设备,经常通风换气,保持馆内空气新鲜。馆内地面必须平整结实、软硬适宜,并保持一定的温度,没有浮土,最好安装木制地板。球场至墙壁的距离不得少于2米。馆内须放置痰盂,进馆者不准吸烟,严禁随地吐痰、乱扔瓜果皮等。

#### (三)旱冰场地

旱冰是一种技巧性和趣味性极高的健身运动,在全国各地均有开展。

旱冰场地应保持平滑、清洁,不能有裂痕及碎石子、杂物等,周围应有护栏,室内应有良好的通风设备。

旱冰场地人数不宜过多,应按逆时针方向滑行。鞋子滑轮应灵活、牢固,应经常检修,以免发生损伤。

## 第三节　营养素

### 一、营养素的概念和作用

营养素是指食物中可给人体提供能量、机体构成成分的化学成分,具有组织修复以及生理调节的功能。凡是能维持人体健康以及提供生长、发育和劳动所需要的各种成分的物质均称为营养素。生命的存在、有机体的生长发育、生命活动及各种脑力劳动和体力劳动,都依赖体内的物质代谢,因此必须不断地从外界摄取一定数量的新物质(主要是从食物中摄取)。食物能在体内被消化、供给热能、构成机体组织、调节生理功能,是机体进行正常物质代谢所必需的物质。

营养是人体赖以生存的物质基础,对人体各方面都具有重要作用。营养促进生长发育,提高身体功能、工作效率、运动能力，增进健康，增强免疫力，预防疾病，延长寿命。

## 二、营养素的分类

人体必需的营养素有几十种，按其化学组成和生理作用可分为水、蛋白质、脂肪、碳水化合物、维生素、矿物质以及纤维素七大类。

### （一）水

水是生命的源泉，人对水的需要仅次于氧气。水是维持生命必需的物质，机体的物质代谢、生理活动均离不开水的参与。人体细胞的重要成分是水，正常成人水分大约为70%，婴儿体重的80%左右是水，老年人身体55%是水分。水来源于各种食物和饮水。人如果不摄入某一种维生素或矿物质，也许还能继续活几周或带病活上若干年，但人如果没有水，就只能活几天。水有利于体内化学反应的进行，在生物体内还起到运输物质的作用。水对维持生物体温度的稳定起着很大作用。

### （二）蛋白质

蛋白质是维持生命不可缺少的物质。人体组织、器官由细胞构成，细胞结构的主要成分为蛋白质。机体的生长、组织的修复、各种酶和激素对体内生化反应的调节、抵御疾病的抗体的组成、维持渗透压、传递遗传信息，无一不是蛋白质在起作用。婴幼儿生长迅速，蛋白质需要量高于成人，平均每天每千克体重需要2克以上。肉、蛋、奶、豆类食物含丰富的优质蛋白质，是每日必需的。

注意：

①搭配的原则。如动、植物食品的搭配，多品种食物的搭配。

②不过量提供的原则。婴幼儿期蛋白质热量占总热量12%～14%为宜，过多会影响蛋白质正常功能的发挥，造成蛋白质消耗，影响体内氮平衡。

③不过少提供的原则。蛋白质提供过少明显影响生长发育的速度，生化反应下降，抗病能力下降，甚至导致营养不良。结果不仅造成生长落后，还会因影响脑细胞发育，造成智力落后。

### （三）脂肪

脂肪是储存和供给能量的主要营养素。每克脂肪所提供的热能为同等重量碳水化合物或蛋白质的2倍。机体细胞膜、神经组织、激素的构成均离不开它。脂肪还有保暖隔热，支持保护内脏、关节等各种器官与组织，促进脂溶性维生素吸收的作用。婴儿每天每千克体重需要4克脂肪，动物和植物来源的脂肪均为人体之必需，应搭配提供。每日脂肪供热应占总热卡的20%～25%。

脂类是指在化学组成和结构上有很大差异，但都有一个共同特性，即不溶于水而易溶于乙醚、氯仿等非极性溶剂中的一类物质。通常脂类可按不同组成分为五类，即单纯脂、复合脂、萜类和类固醇及其衍生物、衍生脂类及结合脂类。脂类物质具有重要的生物功能，脂肪是生物体的能量提供者。

脂类也是组成生物体的重要成分，如磷脂是构成生物膜的重要组分，油脂是机体代谢所需燃料的储存和运输形式。脂类物质也可为动物机体提供溶解于其中的必需脂肪酸和脂溶性维生素。某些萜类及类固醇类物质如维生素 A、D、E、K，胆酸及固醇类激素具有营养、代谢及调节功能。有机体表面的脂类物质有防止机械损伤与防止热量散发等保护作用。脂类作为细胞的表面物质，与细胞识别、种特异性和组织免疫等有密切关系。

### （四）碳水化合物

碳水化合物是为生命活动提供能源的主要营养素，它广泛存在于米、面、薯类、豆类等各种粮食中，是人类最重要、最经济的食物。这类食物每日提供的热卡应占总热卡的 60% ~ 65%。任何碳水化合物到体内经生化反应最终均分解为糖，因此也称糖类。除供能外，它还促进其他营养素的代谢，与蛋白质、脂肪结合成糖蛋白、糖脂，组成抗体、酶、激素、细胞膜、神经组织、核糖核酸等具有重要功能的物质。

纤维素是不被消化的碳水化合物，但其作用不可忽视。纤维素分水溶性和非水溶性两类。非水溶性纤维素不被人体消化吸收，只停留在肠道内，可刺激消化液的产生和促进肠道蠕动，吸收水分利于排便，对肠道菌群的建立也起有利的作用；水溶性纤维素可以进入血液循环，降低血浆胆固醇水平，改善血糖生成反应，影响营养素的吸收速度和部位。水果、蔬菜、谷类、豆类均含较多纤维素，可供人们选择。

### （五）维生素

维生素对维持人体生长发育和生理功能起重要作用，可促进酶的活力或为辅酶之一。维生素可分两类，一类为脂溶类维生素，包括维生素 A、D、E、K 等，它们可在体内储存，不需每日提供，但过量会引起中毒；另一类为水溶性维生素，包括维生素 B、C 等，这一类占大多数，它们不在体内储存，需每日从食物中摄取，由于代谢快而不易中毒。维生素 A、B、C、D、E、K 及叶酸等各司其职，缺一不可，并能帮助人体吸收营养物质。缺乏维生素将引起相应的症状（表 3-1）。

**表 3-1　缺乏维生素所引起的相应症状对照表**

| 症状 | 缺乏的维生素 |
| --- | --- |
| 眼睛干涩 | 维生素 A |
| 口臭 | 维生素 $B_6$、锌 |
| 牙齿不坚固 | 维生素 A、钙、铁 |
| 唇干燥、脱皮 | 维生素 A、维生素 $B_2$ |
| 贫血、手脚发凉 | 维生素 $B_6$、铁、叶酸 |
| 易疲劳、精力差 | 维生素 $B_1$、维生素 $B_2$、维生素 $B_6$ |
| 脱发过多、头皮屑过多 | 维生素 A、维生素 $B_6$、锌、钙 |

续表

| 症状 | 缺乏的维生素 |
|---|---|
| 头发枯黄、分叉 | 维生素E、铁 |
| 黑眼圈 | 维生素A、维生素C、维生素E |
| 色斑、黄褐斑 | 维生素C、维生素E、叶酸 |
| 皱纹出现早、多 | 维生素A、维生素C、维生素E、硒 |
| 皮肤无弹性、无光泽 | 维生素$B_1$、维生素$B_2$ |
| 皮肤干燥、粗糙、毛孔粗大 | 维生素A、维生素$B_6$、锌 |
| 视力差,眼睛怕光、干涩 | 维生素A、维生素$B_1$、维生素$B_2$、硒 |
| 虚汗、盗汗 | 维生素D、钙、铁 |
| 舌紫红、嘴角烂 | 维生素$B_3$、维生素$B_6$ |

(六)矿物质

矿物质是人体主要组成物质,碳、氢、氧、氮约占人体重总量的96%,钙、磷、钾、钠、氯、镁、硫约占3.95%,其他则为微量元素共41种,常为人们提到的有铁、锌、铜、硒、碘等。每种元素均有其重要、独特、不可替代的作用,各元素间又有密切相关的联系。矿物质虽不供能,但有重要的生理功能:①构成骨骼的主要成分;②维持神经、肌肉正常生理功能;③组成酶的成分;④维持渗透压,保持酸碱平衡。矿物质缺乏会导致相关疾病,比如缺钙会导致佝偻病,缺铁会导致贫血,缺锌会导致生长发育落后,缺碘会导致生长迟缓、智力落后等,均应引起足够的重视。

(七)膳食纤维

膳食纤维的定义有两种,一是从生理学角度将膳食纤维定义为哺乳动物消化系统内未被消化的植物细胞的残存物,包括纤维素、半纤维素、果胶、抗性淀粉和木质素等;二是从化学角度讲膳食纤维定义为植物的非淀粉多糖和木质素。

膳食纤维可分为可溶性膳食纤维和非可溶性膳食纤维。前者包括部分半纤维素、果胶和树胶等,后者包括纤维素、木质素等。其中苹果胶原作为一种天然大分子水溶性膳食纤维,具有强力吸附、排除人体“辐射物(正电荷物质)”的作用,是人体必需的营养平衡素。它具有独特的分子结构和不能被人体直接消化的生理特性,从而可以自然吸附的“毒素”“负营养”“重金属”“自由基”等人体内难以自我代谢的有害物质并将其排出体外,从而达到营养平衡。经常食用苹果胶原可以预防和抑制心血管疾病、肠胃疾病、呼吸道疾病、代谢性疾病和肿瘤等人体的多种疾病。

## 三、各种营养素之间的关系

人体每天从食物中摄取的各种营养素必须在体内互相配合才能发挥作用。例如,脂肪、糖类和蛋白质的代谢过程需要维生素和矿物质(包括微量元素)的参与。营养素之间互相影响的方式是多种多样的。

(一)宏量营养素之间的关系

蛋白质、脂肪和糖类除了各自有其独特的生理功能之外,都是产生能量的营养素,在能量代谢中既互相配合又互相制约。

脂肪必须有糖类的存在才能彻底氧化,否则会因为产生酮体导致酸中毒。糖类和脂肪在体内可以互相转化,而蛋白质是不能由脂肪或糖类替代的,但充裕的脂肪和糖类供给可避免蛋白质被当作能量原料而被消耗。因此,在膳食中必须合理搭配宏量营养素,保持三者平衡,才能使能量供给处于最佳状态。

(二)矿物质之间及与其他营养素之间的关系

矿物质(包括微量元素)之间及其与其他营养素之间的关系错综复杂,十分微妙,在特定条件下既有协调关系又有制约关系,甚至还有拮抗关系。

钙和磷共同构成牙齿和骨骼,但钙磷比必须适当。因为如果磷过多,会妨碍钙的吸收。血液内镁、钾、钠等离子的浓度必须保持适当比例,才能维持神经和肌肉的正常兴奋性。膳食钙过高会妨碍铁和锌的吸收,锌摄入过多又会抑制铁的利用。硒对氟有拮抗作用,大剂量硒可降低氟骨症患者骨中的氟含量。

硒和维生素互相配合可抑制脂质过氧化物的产生。蛋白质对微量元素在体内的运输有很大作用。铜的运输靠铜蓝蛋白,铁的运输靠运铁蛋白。锌与蛋白质合成,缺乏锌影响儿童的生长发育。碘是甲状腺素的成分,而甲状腺素是调节人体能量代谢的重要激素,对蛋白质、脂肪、糖类的代谢有促进作用。

# 第四节　合理营养

营养与体育运动都是维持和促进人体健康的重要因素。营养素是构成机体组织的物质基础,体育运动可以增强机体活动的功能,二者科学地配合,可以更有效地促进身体的生长发育和提高健康水平。合理营养是保障人体正常发育、增进健康、防治疾病和延年益寿的重要外界因素。英国营养学家莱纳斯·波林斯曾断言,合理营养可使人的寿命延长20年。合理营养对提高运动能力、创造优异成绩和消除运动性疲劳有积极的作用。

## 一、合理营养的概念

合理营养是指对人体提供符合卫生要求的平衡膳食,使膳食的质和量能适应人体一切活动的需要。平衡膳食由多种食物构成,以提供足够的热能和各种营养素,满足人体正常生理的需要,而且还保持各种营养素之间的平衡,以利于消化、吸收、互相利用。

平衡膳食应包括七大类食物,即谷类、食用脂肪类、肉类、根茎薯类、牛奶和奶制品类、水果类和蔬菜类。而各类食物的数量及质量，应该根据气候、季节的变化和人们的性别、年龄、生理状态、职业、环境进行调配，同时注意食物多样化及某些容易缺乏的营养素的补给，以满足机体对营养素的需要。这样才能保障身体健康，延缓衰老，增强免疫力，提高工作、学习效率，促进下一代茁壮成长，增强民族身体素质。若按每日3餐的热量分配，以早餐占25%～30%、午餐占35%～45%、晚餐占30%～35%较为合理，当然还可以根据各地的生活和作息时间而作适当的修改。

要达到合理营养，必须合理调配膳食，满足对各种营养素的要求。每个国家都根据各自的情况和生活习惯、食物的生产和供应情况，提出各种不同年龄、性别人群推荐的膳食供给量（RDA）。根据这个建议作为评价人们合理营养的标准。中国人多以谷类为主食，有充分利用大豆及其制品的传统，研究证明，谷豆混食其中的蛋白质可以起互补作用，对人的健康是有益的。在粮食加工方面，中国从20世纪50年代初就实行标准米（92米）、标准面（85面），实践证明这对维生素B缺乏病——脚气病的防治有效，故不应多食精白米、精白面。此外，中国膳食构成中淀粉类多，单糖类少，脂肪占总热量的比例也不高，应加以总结这样的膳食结构对中国人民的健康会造成怎样的影响。不同人群的合理营养究竟怎样做才算合理，目前正在兴起一股研究合理的食物结构和膳食指导方针的热潮。人们普遍认为食物多样化，是取得合理营养的物质基础。

由此可见，合理营养，注意膳食调配，重视科学配餐，不仅是个人、家庭的生活问题，也是提高我国各民族身心健康、社会生产水平，促进社会主义经济建设的重大社会问题。

## 二、合理营养的重要性

人类为了维持生命与健康，必须每天从食物中获取人体所必需的各种营养物质。以往许多人往往看重营养不良的危害，认为营养不足可致体弱多病，会影响人体健康；相反对营养过剩及营养不平衡的危害却认识不足。举个简单的例子，以往人们往往认为肥胖是福相，是富贵体型，是营养好的象征和健康的标志，而实际上肥胖是能量摄入超过能量消耗，导致营养不平衡的结果。肥胖有许多危害，使活动能力减弱自不必说，还与高血压、高血脂、冠心病等心血管疾病以及糖尿病的发生有密切关系。因此，要讲究合理营养，也就是每日由食物摄入营养物质要适度，既不能缺乏，也不能过剩。缺乏则不能满足机体生理活动的需要，严重时可引起机体生理机能的改变和生化活动异常，甚至发生机体形态结构的异常，影响人体健康；过剩也会引起机体异常改变，或体内积聚过多，或干扰其他营养物质的利用，使代谢异常，有时甚至可产生中毒现象，而这对人体的危害也绝不能低估。被人们称为现代文明的疾病，其中许多疾病包括癌症在内，就与营养过剩或营养不平衡有关。在老年时期这种营养过剩或营养不平衡对健康的危害就更大，这已引起越来越多人的重视。下面介绍几种合理营养的方法。

（1）膳食中热量和各种营养素必须能满足人体生理和劳动的需要。即膳食中必须含有蛋白质、脂肪、糖类、维生素、无机盐及微量元素、水和膳食纤维等人体必需的营养素，且保持各营养素之间的数量平衡，避免有的缺乏、有的过剩。因此，食物应多样化。因为任何一种天然食物都不能提供人体所必需的一切营养素，所以多样化的食物是保证膳食平衡的必要条件。

(2)合理的饮食制度。如餐次安排得当,可采取早晨吃好、中午吃饱、晚上吃少的原则。早餐最好要吃,很多人有不吃早餐的习惯,不吃早餐会造成体内胆固醇增高,长期不吃早餐还容易患胆结石。

(3)适当的烹调方法。要以利于食物的消化吸收,且有良好的食品感官性状,能刺激食欲为原则。

(4)食品必须卫生且无毒。当然由于人们的生活环境不同,饮食习惯、健康状况等也千差万别,对营养的要求也就各不相同。在实际生活中只有根据合理营养的基本要求,按照每个人的性别、年龄、劳动状况、健康情况等方面因素综合考虑,安排好每日膳食,才能真正达到合理膳食的要求。

## 三、运动锻炼与合理营养膳食

运动锻炼的能量代谢与体力劳动代谢不同,运动锻炼能量代谢集中在短短的几个小时内,具有强度大、代谢率高、肾上腺皮质和髓质激素分泌增加、酶和辅酶的活性加强、酸性代谢产物堆积等特征,可使体内的营养素代谢和需要发生变化。科学实验已经证实,合理的营养可以调节器官、组织和细胞的功能,有利于运动锻炼时代谢过程和中间反应顺利进行,从而提高人体运动时的机能,并促进运动后的恢复。由此可见,合理的营养膳食是保证运动锻炼效果的有力保障,运动锻炼和合理营养膳食两者之间的有机结合才是增进健康的最佳方法。合理营养膳食在保证运动锻炼、增进健康的作用有以下几点。

(1)合理营养膳食能为运动锻炼者提供所需的能量。

(2)合理营养膳食能为运动锻炼者提供充分的维生素和微量元素。

(3)合理营养膳食能为运动锻炼者防止运动损伤提供物质保障。

(4)合理营养膳食有助于运动锻炼者运动后的恢复。

(5)合理营养膳食可延缓运动锻炼者运动性疲劳的发生或减轻程度。

# 第四章　健康测量与评价

健康是人类生存发展的最基本的条件,也是创造物质文明和精神文明的基础。从古至今,健康都是人类共同追求的目标,长寿也是人们美好的向往。用健康的身心享受生活,提高生命质量,是现代人新的生活理念。体育锻炼是维持健康的法宝,是最积极的健身手段。当代大学生是国家和民族未来的希望,健康对他们来说更是学业有成、工作顺利的基础。大学生既要有健康的身体,又要有健康的心理。人的身体健康与心理健康是相互影响的,身体健康是心理健康的基础,心理健康有助于身体健康。为了有助于大学生设置合理的身体锻炼目标,更科学地进行锻炼,使身心更健康,本章主要介绍有关身心健康的测试方法和评价标准。

## 第一节　身体健康的测量与评价

身体健康是衡量人体是否健康最重要的环节之一,主要包括生理功能状态良好,没有疾病,身材匀称,体重标准,有一定的抵抗力和免疫力,能够适应自然环境变化。老一辈革命家就有“身体是革命的本钱”的说法。随着时代的不断发展,人们越来越认识到身体健康的重要性。然而,怎样来衡量身体是否健康,用什么来评定身体是否健康,成为我们需要解决的问题。

### 一、心肺功能的测量与评价

心肺功能与体质及各项运动成绩息息相关,心肺功能的测量包括心血管系统机能、呼吸系统机能及最大摄氧量的测量。心肺适应水平越高,精力就越充沛,不仅能完成更多的工作,而且不容易疲劳。另外,心肺适应水平越高者,睡眠质量越好,以下为心肺功能的几种测试方法及其评价标准。

#### (一)肺活量指数

肺活量是人体肺脏功能的指标之一,也是人体呼吸运动能力测试方法之一。它是指人体尽全力深吸气后,再尽全力呼出的气体总量,即为一次呼吸时的最大通气量,在一定程度上反映了肺的通气功能的水平。其数值与性别、年龄、身高、体重、肺组织发育程度、锻炼水平及运动项目等多种因素有关。青少年经常进行中等强度的有氧运动,可以促进胸廓及呼吸肌的运动,有利于改善呼吸肌和呼吸动作的协调性,有利于提高肺活量。胸廓发达,呼吸力度增加,有利于回心血量的增加,对心脏的发育及提高心肺功能有重要作用。

在同年龄、同性别的被试者中，影响测试结果最显著的因素是体重。所以，在实际测量中，应采用肺活量指数进行评价。

**1. 测试方法**

（1）通过键盘或非接触卡输入受试者编号。

（2）将一次性、干燥卫生的吹嘴插入测试吹管。

（3）受试者应保持测试传感器在吹管上方的正确把握姿势。

（4）受试者按照上述动作要领准备好后，测试人员按“确认键”。

（5）测试者深呼吸后开始匀速吹气。测试成绩显示在屏幕上，语音提示测试结果。

（6）第一次测试完毕后，主机系统会语音提示进行第二次测试，液晶显示器的左上角显示“2”。此时，测试者按照第一次测试的动作要领进行吹气。

（7）测试仪自动计出两次测试的最大值，语音提示测试结果，并将两次测试的最大值存储在主机中，同时通过无线网络送到计算机，测试完毕。

**2. 注意事项**

（1）测试者必须每人使用一个吹嘴。没有充足的吹嘴时，应对吹嘴消毒后再使用。

（2）测试者应将吹嘴插牢，防止因漏气造成测量不准确。

（3）测试者吹气时应注意嘴部与吹嘴之间紧密接触，以防止漏气造成测量不准确。

（4）测试者吹气时要保持匀速，用力适中，中途不得停顿。

（5）肺活量传感器手柄应轻拿轻放，吹气管拆卸时不要用力过猛以防止传感器遭受外力破坏。

（6）吹气管冲洗后应彻底晾干，方可安装使用。安装时要对好传感器与吹气管相应的接口，轻轻地按入，不得强行用力。

根据以下公式推算出肺活量指数：

$$\text{肺活量指数}=\frac{\text{肺活量}}{\text{体重（千克）}}$$

大学生肺活量指数评价标准见表4-1。

**表4-1　大学生肺活量指数评价标准**

| 项目＼等级 | | 优秀 | | 良好 | | 及格 | | 不及格 |
|---|---|---|---|---|---|---|---|---|
| | | 成绩 | 成绩 | 成绩 | 成绩 | 成绩 | 成绩 | 成绩 |
| 肺活量指数 | 男 | 75以上 | 74～70 | 69～64 | 63～57 | 56～54 | 53～44 | 43以下 |
| | 女 | 61以上 | 60～57 | 56～51 | 50～46 | 45～42 | 41～32 | 31以下 |
| 分值 | | 15 | 13 | 12 | 11 | 10 | 9 | 8 |

肺活量检测数值低（与正常数值相比），说明机体摄氧能力和排出废气的能力差，人体内部的氧供应就不充裕，机体的一些工作就不能正常进行。一旦机体开始大量耗氧（如长时间学习、工作、剧烈运动时），就会出现供氧不足，从而导致诸如头痛、头晕、胸闷、精神萎靡、注意力不集中、记忆力下降、失眠等不良反应，这不仅会影响学习与工作，而且会对身体健康造

成不利影响。

肺活量因性别和年龄而异,男性明显高于女性。在20岁前,肺活量随着年龄增长而逐渐增大,20岁后增加量就不明显了。成年男子的肺活量为3 500～4 000毫升,成年女子为2 500～3 000毫升。肺活量主要取决于胸腔壁的扩张与收缩的宽舒程度。肺活量随年龄的增长而下降,每10年下降9%～27%,但长期坚持体育锻炼的人,其肺活量仍能保持正常。

体育锻炼可以明显提高肺活量,譬如可以经常做一些扩胸、振臂等徒手操练习,坚持耐久跑、游泳、踢足球、打篮球、折返跑等,像中长跑运动员和游泳运动员的肺活量可达6 000毫升以上。

### (二)台阶试验

以一定频率,上下一定高度的平台并持续一定的时间,根据登台结束后恢复期的脉搏变化评定心脏功能,称为台阶试验。最早的台阶试验是由美国哈佛大学学生研究设计的,称为哈佛台阶试验,之后又有不少改良和发展。

**1. 测试方法**

(1)通过键盘或非接触卡输入受试者编号。

(2)受试者在测试开始前可做轻微的准备活动,主要是活动下肢。

(3)测试人员目测受试者按照上述动作要领准备好后,按“确认”键。

(4)受试者按照2秒上下一次台阶的音乐节奏上下踏台。上下踏台的持续时间为3分钟。

(5)上下台阶的运动停止后,受试者应在30秒内,用指脉测试夹把手指夹好,以测试脉搏。脉搏测试的时间为3.5分钟。

(6)测试成绩显示在屏幕上,语音提示测试结果。

**2. 注意事项**

(1)有心脏病史的学生不能进行这项测试。

(2)进行脉搏测试的指脉夹最多可以连接12个,每个指脉夹上部有编号:12个指脉夹分为两组,每组通过一个集线器与主机连接。每个受试者输入的编号应与所使用的指脉夹号一一对应。

(3)上下一次台阶的频率为每分钟30次,音乐的节奏为每分钟120次,每次4拍。

(4)进行脉搏测试时,要求受试者静坐,将手指平放在桌子上,手指尽可能与心脏同高。受试者站立、手指振动可能会影响测试结果。

(5)如果受试者不能坚持3分钟上下踏台的运动,可以在中途停止运动。停止运动后,通过主机的键盘或非接触卡输入受试者的编号,按确认键,开始单独提前进行脉搏测试。此时,其他受试者的测试过程不受影响。

按下列公式推算出台阶指数,指数越大,表示机能越好。

$$\text{台阶指数}=\frac{\text{登台持续时间(秒)}\times 100}{2\times\text{三次脉搏之和}}$$

大学生台阶指数评价标准见表4-2。

**表 4-2　大学生台阶指数评价标准**

| 等级 / 项目 | | 优秀 | | 良好 | | 及格 | | 不及格 |
|---|---|---|---|---|---|---|---|---|
| | | 成绩 | 成绩 | 成绩 | 成绩 | 成绩 | 成绩 | 成绩 |
| 台阶指数 | 男 | 59 以上 | 58 ~ 54 | 53 ~ 50 | 49 ~ 46 | 45 ~ 43 | 42 ~ 40 | 39 以下 |
| | 女 | 56 以上 | 55 ~ 52 | 51 ~ 48 | 47 ~ 44 | 43 ~ 42 | 41 ~ 25 | 25 以下 |
| 分值 | | 20 | 17 | 16 | 15 | 13 | 12 | 10 |

## 二、身体素质测量与评价

身体素质也称为身体适应性，是指人体在运动过程中所表现出来的力量、速度、耐力、柔韧性、协调性及平衡性等机能的总称，是人体各器官系统的机能在肌肉工作中的综合反映。身体素质测试能够促进学生积极地参加体育锻炼，上好体育课，增强学生的体质和提高健康水平，把学生培养成为德、智、体、美全面发展的高素质人才。通过身体素质测试可以使学生清楚地了解自己的体质与健康状况，还可帮助学生监测自己的体质与健康状况的变化程度。这些都有助于学生在新的一年里有的放矢地设定自己的锻炼目标，有针对性地选择锻炼策略，制订切实可行的锻炼计划。

（一）1 000 米跑（男）、800 米跑（女）

1 000 米跑（男）、800 米跑（女）用来评价学生的心肺功能和耐力水平。此项目既测试有氧耐力，也测试无氧耐力。由于耐力是衡量人的体质健康状况和劳动工作能力的基本因素之一，是从事各项运动必不可少的一种运动素质，因此测试耐力水平对评价学生体质健康状况有着非常重要的意义。

测试方法：受试者站立式起跑，听到“跑”的口令后开始起跑。计时员看到旗动立即开表计时，当受试者的躯干部到达终点线垂直面时停表，同时记录秒表所示成绩。

大学生耐力评价标准见表 4-3。

**表 4-3　大学生耐力评价标准**

| 等级 / 项目 | 优秀 | | 良好 | | 及格 | | 不及格 |
|---|---|---|---|---|---|---|---|
| | 成绩 | 成绩 | 成绩 | 成绩 | 成绩 | 成绩 | 成绩 |
| 1 000 米（男） | 3 分 39 秒以下 | 3 分 40 秒 ~ 3 分 46 秒 | 3 分 47 秒 ~ 4 分 | 4 分 1 秒 ~ 4 分 18 秒 | 4 分 19 秒 ~ 4 分 29 秒 | 4 分 30 秒 ~ 5 分 4 秒 | 5 分 5 秒以上 |
| 800 米（女） | 3 分 37 秒以下 | 3 分 38 秒 ~ 3 分 45 秒 | 3 分 46 秒 ~ 4 分 | 4 分 1 秒 ~ 4 分 19 秒 | 4 分 20 秒 ~ 4 分 30 秒 | 4 分 31 秒 ~ 5 分 3 秒 | 5 分 4 秒以上 |
| 分值 | 20 | 17 | 16 | 15 | 13 | 12 | 10 |

(二)仰卧起坐(女)

仰卧起坐是测试腹肌力量和耐力的一个项目。腰腹肌力量对于人的身体机能有着十分重要的作用。通过仰卧起坐的练习,可促使青少年积极地发展腰腹肌力量。

**1. 测试方法**

(1)通过键盘或非接触卡输入受试者编号。

(2)受试者将测试带系于腹部,仰卧在垫子上,两脚稍分开,屈膝成90°。两手指交叉贴于脑后。另一同伴压住其踝关节,以便固定下肢。

(3)测试人员目测受试者按照上述动作要领准备好后,按“确认”键。受试者在听到“嘟”的一声后,开始仰卧起坐。

(4)动作应规范,坐起时,上身压超过90°为有效。动作成功会听到“嘟”的一声,主机给予计数。

(5)测试时间满1分钟时,计时停止。测试成绩显示在屏幕上,语音提示测试结果,测试完毕。

**2. 注意事项**

(1)为了保证测试的舒适性,垫子应放置在平坦、干燥的地面上。

(2)禁止受试者穿鞋踩踏坐垫。

(3)受试者应穿常规运动鞋,勿穿硬底皮鞋、带钉运动鞋或高跟鞋进行测试。

(4)受试者动作应规范,否则机器不予计数。

大学生仰卧起坐评价标准(女)见表4-4。

**表4-4 大学生仰卧起坐评价标准(女)**

| 等级 / 项目 | 优秀 | | 良好 | | 及格 | | 不及格 |
|---|---|---|---|---|---|---|---|
| | 成绩 | 成绩 | 成绩 | 成绩 | 成绩 | 成绩 | 成绩 |
| 仰卧起坐/个 | 44以上 | 43~41 | 40~35 | 34~28 | 27~24 | 23~20 | 19以下 |
| 分值 | 20 | 17 | 16 | 15 | 13 | 12 | 10 |

(三)引体向上(男)

引体向上主要测试上肢肌肉力量的发展水平,为男性上肢力量的考查项目,是自身力量克服自身重力的悬垂力量练习,是最基本的锻炼背部的方法,也是衡量男性体质的重要参考标准和项目之一。引体向上要求男性有一定的握力和上肢力量,这个力量必须能超过自身的体重才能完成。引体向上对发展上肢悬垂力量、肩带力量和握力有重要作用。它是以按动作规格完成的次数来计算成绩的,做得多则成绩好,因此,它是一种耐力项目。

**1. 测试方法**

(1)两手用宽握距正握(掌心向前)单杠,略宽于肩,两脚离地,两臂自然下垂伸直。

(2)用背阔肌的收缩力量将身体往上拉起,当下巴超过单杠时稍作停顿,静止一秒钟,使背阔肌彻底收缩。然后逐渐放松背阔肌,让身体徐徐下降,直到完全下垂,重复再做。可以弯曲膝关节、将两小腿向后交叉,使身体略微后倾,能更好地锻炼背部肌肉。

(3)身体上拉时吸气,下垂时呼气。

(4)待身体停止晃动后,两臂同时用力,向上引体(身体不能有任何附加动作);当下颌超过横杠上缘时,还原,呈直臂悬垂姿势,为完成 1 次。

(5)直到测试者做到力竭时,测试人员记录受试者完成的次数,以次为单位。

**2. 注意事项**

(1)若受试者较矮,不能自己跳起握杆时,测试人员可以提供帮助。

(2)测试时,受试者要保持身体挺直,不得屈膝、挺腹等;若借助身体摆动或其他附加动作完成引体时,该次不计数。

(3)测试时应有相应的保护措施,防止伤害事故的发生。

(4)下降过程身体不能猛然放松,身体要稍微紧张,双脚在此时迅速向前伸(幅度不要过大,以免造成违规)。

大学生引体向上评价标准(男)见表 4-5。

**表 4-5　大学生引体向上评价标准(男)**

| 等级 / 项目 | 优秀 | | 良好 | | 及格 | | 不及格 |
|---|---|---|---|---|---|---|---|
| | 成绩 | 成绩 | 成绩 | 成绩 | 成绩 | 成绩 | 成绩 |
| 引体向上/个 | 20 | 18 | 16 | 15 | 14 | 10 | 10 以下 |
| 分值 | 20 | 17 | 16 | 15 | 13 | 12 | 10 |

(四)坐位体前屈

**1. 测试方法**

(1)通过键盘或非接触卡输入受试者编号。

(2)要求受试者赤足,上体垂直坐于坐垫上,两脚伸直,脚跟并拢,脚尖分开 10～15 厘米,脚跟蹬在支座部位上,两手并拢,手臂伸直,指尖轻触手推板。

(3)测试人员目测受试者按照上述动作要领准备好后,按“确认”键。

(4)受试者渐渐使上体前屈,手指推动手推板向前移动,直至不能再向前移动。测试成绩显示在屏幕上,语音提示测试结果。

(5)第一次测试完毕后,系统语音提示进行第二次测试,此时,受试者重复上述步骤进行第二次测试。

(6)测试成绩显示在屏幕上,语音提示测试结果,并通过无线网络送到计算机,测试完毕。

**2. 注意事项**

(1)垫子应放置在平坦、干燥的地面上。

(2)安装时需将脚踏板竖起,保证脚踏板与底板垂直;安装到位后要用手柄把支架固定好,以免在使用过程中位置被改变。

(3)测试前受试者应做好腰部的准备活动,以免腰部受伤。

(4)禁止受试者两腿弯曲,禁止手臂猛然发力。

(5)禁止受试者穿鞋踩踏坐垫。

大学生坐位体前屈评价标准见表4-6。

**表4-6　大学生坐位体前屈评价标准**

| 项目＼等级 | | 优秀 | | 良好 | | 及格 | | 不及格 |
|---|---|---|---|---|---|---|---|---|
| | | 成绩 | 成绩 | 成绩 | 成绩 | 成绩 | 成绩 | 成绩 |
| 坐位体前屈/厘米 | 男 | 18.1 以上 | 18.0～16.0 | 15.9～12.3 | 12.2～8.9 | 8.8～6.7 | 6.6～0.1 | 0.0 以下 |
| | 女 | 18.1 以上 | 18.0～16.2 | 16.1～13.0 | 12.9～9.0 | 8.9～7.8 | 7.7～3.0 | 2.9 以下 |
| 分值 | | 20 | 17 | 16 | 15 | 13 | 12 | 10 |

(五)50 米跑

50 米跑是国际上通用的测试项目,通过较短距离的高强度跑测试速度素质。速度素质的测试可以反映人体中枢神经系统的机能状态和神经与肌肉的调节机能,也可以综合反映人体的爆发力、灵敏度、反应力、柔韧度等素质。

**1. 测试方法**

(1)通过键盘或非接触卡按照受试者使用的对应跑道,输入受试者编号,4 个编号输入完成后,主机发出“各就各位”“预备”的命令。

(2)受试者站立在对应跑道的起跑线前,做好起跑准备。未听到起跑命令前,脚尖不得踩线、越线,不能抢跑。

(3)4 个跑道的受试者都准备好后,测试人员按“确认”键。主机发出起跑命令,受试者跑出起跑线。主机开始显示计时的秒数。

(4)4 名受试者都跑过终点后,测试成绩显示在屏幕上,语音提示测试结果,通过无线网络送到计算机,测试完毕。

**2. 注意事项**

(1)测试前调整 50 米测试仪的 5 根外设杆,距离主机 50 米,在平坦、稳定的地面上,按顺序排好。外设摆放的顺序是:面向跑道、外设立杆的编号从左到右顺序为 1、2、3、4、5;立杆底座上的丝印标志面向自己。立杆之间的距离为 1.2～2 米,5 根外设杆要尽可能在一条直线上,否则接收杆收不到发射杆的信号,测试将无法进行。

(2)按下每根外设杆的电源开关,打开电源。然后打开 50 米主机的电源,主机开始检测与外设的通信。如果通信成功,显示屏的左下方应依次显示“1、2、3、4”,如果没有显示某一个外设的编号,该跑道将不能使用。可以按“取消”键,让主机再次检测。

(3)未在正常的时间内跑完50米,如小于5秒或大于13秒,主机均显示13秒,测试成绩为0分。

(4)4个跑道容许1~4人参与测试,没有人使用的跑道,测试成绩为0秒。

(5)受试者应穿常规运动鞋,勿穿硬底皮鞋、拖鞋或高跟鞋进行测试。

大学生50米跑评价标准见表4-7。

**表4-7　大学生50米跑评价标准**

| 等级<br>项目 | | 优秀 | | 良好 | | 及格 | | 不及格 |
|---|---|---|---|---|---|---|---|---|
| | | 成绩 | 成绩 | 成绩 | 成绩 | 成绩 | 成绩 | 成绩 |
| 50米跑/秒 | 男 | 6.8以下 | 6.9~7.0 | 7.1~7.3 | 7.4~7.7 | 7.8~8.0 | 8.1~8.4 | 8.5以上 |
| | 女 | 8.3以下 | 8.4~8.7 | 8.8~9.1 | 9.2~9.6 | 9.7~9.8 | 9.9~11.0 | 11.1以上 |
| 分值 | | 30 | 26 | 25 | 23 | 20 | 18 | 15 |

(六)立定跳远

立定跳远是测试爆发力的项目,同时也能测试学生身体协调能力的发展水平。爆发力要求在最短时间内发挥最大的力量,爆发力的大小不仅取决于力量,而且取决于力量和速度的结合。它在人们日常生活、劳动中有重要的意义和作用。

**1.测试方法**

(1)通过键盘或非接触卡输入受试者编号。

(2)要求受试者身着运动装,脚穿平底鞋站立在测试垫的起跳线前,做好起跳准备。两脚自然分开,脚尖不得踩线、越线。女生从近端的起跳线起跳,男生从远端的起跳线起跳。两条起跳线相差90厘米。

(3)测试人员目测受试者按照上述动作要领准备好后,按“确认”键。

(4)受试者从原地两脚同时起跳,不得有垫步和连跳动作。

(5)受试者落地后,应从正前方迈出测试垫,不得踏踩测试垫两边的测试杆。

(6)测试成绩显示在屏幕上,语音提示测试结果。

(7)受试者可以按上述要求测试两次,显示器显示最大值,语音提示测试结果,并将两次跳出的最远值存储在主机中,同时通过无线网络传到计算机,测试完毕。

**2.注意事项**

(1)为了保证测试的舒适性,垫子应放置在平坦、干燥的地面上。

(2)受试者应穿常规运动鞋,勿穿硬底皮鞋、带钉运动鞋或高跟鞋进行测试。

(3)受试者应将口袋内的物品取出,防止跳远时物品跌落,使受试者受伤或损坏物品。

(4)仪器需注意防潮防水防暴晒,不得用有机溶液清洗机器的表面。

(5)测试前应对机器充电。如果长时间不用,最少3个月要对机器充电一次,以保证电池的正常使用。

(6)受试者动作应规范,否则机器不予计数。

大学生立定跳远评价标准见表4-8。

**表4-8 大学生立定跳远评价标准**

| 项目＼等级 | | 优秀 | | 良好 | | 及格 | | 不及格 |
|---|---|---|---|---|---|---|---|---|
| | | 成绩 | 成绩 | 成绩 | 成绩 | 成绩 | 成绩 | 成绩 |
| 立定跳远/厘米 | 男 | 255以上 | 254～250 | 249～239 | 238～227 | 226～220 | 219～195 | 194以下 |
| | 女 | 196以上 | 195～187 | 186～178 | 177～166 | 165～161 | 160～139 | 138以下 |
| 分值 | | 30 | 26 | 25 | 23 | 20 | 18 | 15 |

## 三、项目测量与评价

### (一)跳绳

**1. 测试目的**

测试学生的下肢爆发力和身体协调能力。

**2. 场地器材**

地面平整、干净的场地一块,地质不限。主要测试器材包括秒表、发令哨、各种长度的跳绳若干条。

**3. 测试方法**

两人一组,一人测试,一人计数。受试者将绳的长短调至适宜长度,听到开始信号后开始跳绳,动作规格为正摇双脚跳绳,每跳跃一次且摇绳一回环(一周圈),计为一次。听到结束信号后停止,测试员报数并记录受试者在1分钟内的跳绳次数,测试单位为次。

**4. 注意事项**

测试过程中跳绳绊脚,除该次不计数外,应继续进行。

### (二)踢毽子

**1. 测试目的**

测试学生的身体协调能力。

**2. 场地器材**

地面平整、干净的场地,地质不限。主要测试器材包括秒表、发令哨、毽子若干个。

**3. 测试方法**

受试者听到开始信号后开始踢毽子,动作规格为单脚或双脚交换踢毽子。听到结束信号后停止,测试员报数并记录受试者在30秒内的踢毽子次数,测试单位为次。

**4. 注意事项**

（1）测试时，仅记脚部踢毽子的次数，以膝、肩、头等身体其他部位接触毽子，只作为调整动作，不计次数。

（2）测试过程中如毽子落地，除该次不计数外，应继续进行。

### （三）篮球运球

**1. 测试目的**

测试学生综合身体素质和篮球基本技能水平。

**2. 场地器材**

测试场地长 20 米，宽 7 米，起点线后 5 米设置两列标志杆，标志杆距左右边线 3 米。各标志杆距杆 3 米，共 5 排杆，全长 20 米，并列的两杆间隔 1 米。测试器材包括秒表（使用前应进行校正，要求同 50 米跑）、发令哨、30 米卷尺、标志杆 10 根（杆高 1.2 米以上），篮球若干个。测试用球应符合国家标准。

**3. 测试方法**

受试者在起点线后持球站立，听到出发口令后，单手运球依次过杆，每次过杆时需换手运球。发令员发令后开表计时，受试者与球均返回起点线时停表。每名受试者测两次，记录成绩最好的一次。以秒为单位记录测试成绩，精确到小数点后一位，小数点后第二位数按非 0 进 1 原则进位。

**4. 注意事项**

（1）测试中篮球脱手后，如球仍在测试场地内，受试者可自行捡回，并在脱手处继续运球，不停表。

（2）测试过程中出现以下现象均属犯规行为，取消当次成绩：出发时抢跑、运球过程中双手同时触球、膝盖以下部位触球、漏绕标志杆、碰倒标志杆、人或球出测试区域、未按图示要求完成全程路线、通过终点时人球分离等。

（3）受试者有两次测试机会，两次犯规无成绩者可再测直至取得成绩。

### （四）足球颠球

**1. 测试目的**

测试学生足球基本技能水平。

**2. 场地器材**

坚实、平整场地一块。测试器材包括足球若干个。

**3. 测试方法**

受试者在原地将球抛起，用脚背正面连续颠球，球落地则测试结束，按次计数。其他部位触球可作为调整，不计次数。每名受试者测两次，记录成绩最好的一次。测试单位为次。

**4. 注意事项**

受试者可用双脚交替或单脚连续颠球。

（五）足球运球

**1. 测试目的**

测试学生的足球基本技能水平，测试年级为大学各年级。

**2. 场地器材**

在坚实、平整场地或足球场上进行，测试区域长 30 米、宽 10 米，起点线至第一杆距离为 5 米，各杆间距 5 米，共设 5 根标志杆，标志杆距两侧边线各 5 米。测试器材包括足球若干个（测试用球应符合国家标准）、秒表（使用前应进行校正，要求同 50 米跑）、30 米卷尺、5 根标志杆（杆高 1.2 米以上）。

**3. 测试方法**

受试者站在起点线后准备，听到出发口令后开始向前运球依次过杆，不得碰杆。受试者和球均越过终点线即为结束。发令员发令后开始计时，受试者与球均返回终点线时停表。每人跑两次，记录最好的一次成绩。以秒为单位记录测试成绩，精确到小数点后一位，小数点后第二位数按非 0 进 1 原则进位。

**4. 注意事项**

（1）测试过程中出现以下现象均属犯规行为，取消当次成绩：出发时抢跑、漏绕标志杆、碰倒标志杆、故意手球、未按要求完成全程路线等。

（2）受试者有两次测试机会，两次犯规无成绩者可再测直至取得成绩。

（六）排球垫球

**1. 测试目的**

测试学生的排球基本技能水平。

**2. 场地器材**

在坚实、平坦的场地或排球场上进行，测试区域为 3 米×3 米。测试用球应符合国家有关标准。

**3. 测试方法**

受试者在规定的测试区域内原地将球抛起，个人连续正面双手垫球，要求手形正确、击球部位准确、达到规定的高度，球落地即为测试结束，按次计数。受试者每次垫球应达到的高度，男生为 2.43 米，女生为 2.24 米。每名受试者测试两次，记录成绩最好的一次。测试单位为次。

**4. 注意事项**

（1）测试过程中如出现以下现象均只作为调整，不计次数：采用传球等其他方式触球，测试区域之外触球,垫球高度不足等。

(2)为方便判定垫球高度,可将排球场的球网调整到相应的高度,或者在测试区域外相距0.5米处插两根标杆,标杆顶端用橡皮筋或标志线相连,将标杆调整到相应的高度进行判定,测试时通过比较垫球的高度和球网或标志线的高度进行判定。

# 第二节　心理健康的测量与评价

每个人都希望拥有一个健康的身体,而健康之于人,不仅仅指生理方面,它还包括我们的心理状况。新时代大学生面临的一个极其重要的任务就是:在全部意义上参与健康,做一个生理、心理都真正健康的人。

对于我们大学生,心理健康的标准包括正常的智力、良好的情绪、健全的意志、和谐的人际关系、正常的自我观念、成熟的心理行为等。心理健康与一个人的成就、贡献、成才关系重大,是大学生成才的基础。

心理健康可以促进大学生全面发展健康的心理品质,是大学生全面发展的基本要求,也是将来走向社会,在工作岗位上展现能力水平、积极从事社会活动和不断向更高层次发展的重要条件。充分认识德智体美劳等方面的和谐发展,是以健康的心理品质作为基础的,一个人的心理健康状态直接影响和制约着其各方面全面发展的实现。心理健康可以使大学生克服依赖心理增强独立性。

我们正处于一个知识爆炸、信息速变、社会迅猛发展的时代。心理健康是大学生身心健康、人格健全、和谐发展以及大学生社会适应能力发展的需要。这是当代大学生学习之必需,也是社会对未来建设者、参与者的素质要求。著名心理学家潘菽教授曾经指出:“我们因注重身体健康,故研究生理卫生;我们若要使心理得到健康的发展,则必须注重心理卫生。”心理健康是相对而言的,世界上不存在100%的心理健康。心理问题是有层次的,如心理适应不良、心理障碍、重症心理疾病。心理适应不良包括所有不适应引起的负性情绪,如心理矛盾、心理对抗、心理压力、心理冲突、心理疲劳、心理断乳、心理应激、心理困惑等。心理障碍包括神经症和人格障碍,神经症如抑郁症、焦虑症、强迫症、恐怖症、神经衰弱等。人格障碍有反社会型、偏执型、分裂型、冲动型、攻击型、被动攻击型、癔症型、强迫型、回避型、依赖型、情感型、自恋型等,还有性心理障碍等。重症心理(精神)疾病有器质性和功能性两类,功能性精神病包括精神分裂症、情感性精神病、偏执性精神病、反应性精神病等。

## 一、大学生心理健康的标准

人的心理怎样才算是健康的,心理健康的标准是什么?参照心理健康的一般标准,以及我国大学生的现状,心理健康的大学生应具有如下特征。

### 1. 大学生智力正常且充分发挥

智力是指人的认识问题、解决问题的能力,包括人的观察力、注意力、记忆力、想象力、创造力、思维能力和实践活动能力等的综合,是人在经验中学习或理解的能力、获得和保持知识的能力,迅速而又成功地对新情景作出反应的能力,运用推理有效地解决问题的能力等。智力正常是大学生学习、生活、工作的最基本的心理条件,是大学生胜任学习任务、适应周围环境变化需要的心理保证,因此,是衡量大学生心理健康的首要标准。一般来说,大学生的智力是正常的,甚至相对于同龄人,其智力总体水平较高。因而衡量大学生的智力,关键在于看大学生的智力是否正常、充分地发挥了效能。

大学生智力正常且充分发挥的标准:有强烈的求知欲和浓厚的探索兴趣;智力结构中各要素在其认识活动和实践活动中都能积极协调地参与并能正常地发挥作用;乐于学习。

此外,一些非智力因素包括理想、兴趣、爱好等也是构成心理健康的重要标准。

**2. 情绪健康**

情绪健康的主要标志是情绪稳定和心理愉快。这是大学生心理健康的一个重要指标。因为情绪在心理变化中起着核心作用,情绪异常往往是心理疾病的先兆。大学生的情绪健康应包括以下内容。

(1)愉快情绪多于不愉快情绪,一般表现为乐观开朗,充满热情,富有朝气,满怀信心,善于自得其乐,对生活充满希望。

(2)情绪稳定性好,善于控制和调节自己的情绪,既能克制约束,又能适度宣泄,不过分压抑,使情绪的表达既符合社会的需求,也符合自身的需要,在不同的时间和场合有恰如其分的情绪表达。

(3)情绪反应是由适当的原因引起的,反应的强度和引起这种情绪的情境相符合。

**3. 意志健全**

意志是人在完成一种有目标的活动时所进行的选择、决定与执行的心理过程。意志健全者在行动的自觉性、果断性和自制力等方面都表现出较高的水平。

意志健全的大学生在各种活动中都有自觉的目的性,能适时地作出决定并运用切实有效的方法解决所遇到的各种问题,在困难和挫折面前能采取合理的反应方式,能在行动中控制情绪和言行,而不是顽固执拗、言行冲动、行动盲目、轻率鲁莽,或害怕困难、意志薄弱、优柔寡断。

**4. 人格完整**

人格在心理学上指个体比较稳定的心理特征的总和。人格完整就是指有健全统一的人格,即个人的所想、所说、所做都是协调一致的。大学生人格完整的主要标志是:

(1)人格结构的各要素完整统一。

(2)具有正确的自我意识,不产生自我同一性混乱。

(3)以积极进取的人生观作为人格的核心,并以此为中心把自己的需要、愿望、目标和行为统一起来。

**5. 自我评价正确**

正确的自我评价乃是大学生心理健康的重要条件。大学生是在与现实环境、与他人的相互关系中,在自己的实践活动中认识自我的。一个心理健康的大学生对自己的认识应比较接近现实，有“自知之明”。对自己的优点感到欣慰，但又不至于狂妄自大；对自己的弱点既不回避，也不自暴自弃，而是善于正确地“自我接受”。

**6. 人际关系和谐**

人总是处在一定的社会关系中，大学生也同样离不开与人打交道。和谐的人际关系既是大学生心理健康不可缺少的条件，也是大学生获得心理健康的重要途径。大学生人际关系的和谐表现如下：

(1)乐于与人交往，既有稳定而广泛的人际关系，又有知心朋友。

(2)在交往中保持独立而完整的人格，有自知之明，不卑不亢。

(3)能客观评价别人和自己，善取人之长补己之短。

(4)宽以待人，乐于助人。

(5)积极的交往态度多于消极态度。

(6)交往动机端正。

**7. 适应能力强**

较强的适应能力是心理健康的重要特征，不能有效处理与周围现实环境的关系是导致心理障碍的重要原因。

心理健康的大学生，应能和社会保持良好的接触，对社会现状有较清晰正确的认识，思想和行动都能跟得上时代的发展步伐，与社会的要求相符合。当发现自己的需要愿望与社会需要发生矛盾时，能迅速进行自我调节，以求和社会的协调一致，而不是逃避现实，更不是妄自尊大，一意孤行，与社会需要背道而驰。

**8. 心理行为符合大学生的年龄特征**

在人的生命发展的不同年龄阶段，都有相对应的不同的心理行为表现，从而形成不同年龄阶段心理行为模式。大学生应具有与年龄和角色相应的心理行为特征。心理健康的大学生精力充沛、思维敏捷、情感活跃，与之相适应，行为上应该表现为朝气蓬勃、热情洋溢、生龙活虎、反应敏捷、勇于探索、勤学好问。如果出现那种所谓的“少年老成”、萎靡不振、喜怒无常，或过于幼稚、过于依赖等现象，都是心理不健康的表现。总之，若经常严重地偏离这些心理行为特征，则有可能是心理异常的表现。

## 二、心理健康自我评定及方法

许多人都想了解自己的心理健康状况，但我国心理测验与咨询尚不发达，许多地方没有条件。为此提供以下表格和问卷，供大家参考。

**心理健康自我测量**

| 题号 | 题目内容 | 积分标准 | | | |
|---|---|---|---|---|---|
| | | 常有 | 偶有 | 罕有 | 从无 |
| 1 | 害羞 | | | | |
| 2 | 为丢脸而烦恼很久 | | | | |

续表

| 题号 | 题目内容 | 积分标准 | | | |
|---|---|---|---|---|---|
| | | 常有 | 偶有 | 罕有 | 从无 |
| 3 | 登高怕从高处跌下来 | | | | |
| 4 | 易伤感 | | | | |
| 5 | 做事常常半途而废 | | | | |
| 6 | 无故悲欢 | | | | |
| 7 | 白天常想入非非 | | | | |
| 8 | 行路故意遇见某人 | | | | |
| 9 | 易对娱乐厌倦 | | | | |
| 10 | 易气馁 | | | | |
| 11 | 感到事事不如意 | | | | |
| 12 | 常喜欢独处 | | | | |
| 13 | 讨厌别人看你做事,虽然做得很好 | | | | |
| 14 | 对批评毫不介意 | | | | |
| 15 | 易改变兴趣 | | | | |
| 16 | 感到自己有许多不足 | | | | |
| 17 | 常感到不高兴 | | | | |
| 18 | 常感到寂寞 | | | | |
| 19 | 觉得心里难过,痛苦 | | | | |
| 20 | 在长辈面前很不自然 | | | | |
| 21 | 缺乏自信 | | | | |
| 22 | 工作有计划 | | | | |
| 23 | 做事无主见 | | | | |
| 24 | 做事有强迫感 | | | | |
| 25 | 自认运气好 | | | | |
| 26 | 常有重复思想 | | | | |
| 27 | 不喜欢进入地道或地下室 | | | | |
| 28 | 想自杀 | | | | |
| 29 | 觉得别人故意找茬 | | | | |
| 30 | 易发火、烦恼 | | | | |
| 31 | 易对工作产生厌倦 | | | | |
| 32 | 迟疑不决 | | | | |

续表

| 题号 | 题目内容 | 积分标准 | | | |
| --- | --- | --- | --- | --- | --- |
| | | 常有 | 偶有 | 罕有 | 从无 |
| 33 | 寻求他人同情 | | | | |
| 34 | 不易结交朋友 | | | | |
| 35 | 心情懊恼，影响工作 | | | | |
| 36 | 可怜自己 | | | | |
| 37 | 梦见性的活动 | | | | |
| 38 | 在许多境遇中感到害怕 | | | | |
| 39 | 觉得智力不如别人 | | | | |
| 40 | 为性的问题而苦恼 | | | | |
| 41 | 遭遇失败 | | | | |
| 42 | 心神不定 | | | | |
| 43 | 为琐事而烦恼 | | | | |
| 44 | 怕死 | | | | |
| 45 | 觉得自己有罪 | | | | |
| 46 | 想谋杀人 | | | | |

注：参见杨国庆，殷恒婵. 大学体育[M]. 北京：中国社会科学出版社，2002.

使用方法：

(1)每题回答“从无”计3分，“罕有”计2分，“偶有”计1分，“常有”计0分。

(2)根据自己的实际情况，在每题的备选项中勾选一项。

(3)题目全部勾选完成后，累计计分。

(4)结果评定：男75分以上的为心理正常，20分以下的为有心理疾患。女65分以上的为心理正常，25分以下的为有心理疾患。

**抑郁自我评量表**

| 评定项目 | 很少有 | 有时有 | 大部分时间有 | 绝大多数时间有 |
| --- | --- | --- | --- | --- |
| 1. 我觉得闷闷不乐，情绪低沉 | 4 | 1 | 2 | 3 |
| 2. 我觉得一天之中早晨最好 | 1 | 4 | 3 | 2 |
| 3. 我一阵阵哭出来或觉得想哭 | 1 | 2 | 3 | 4 |
| 4. 我晚上睡眠不好 | 1 | 2 | 3 | 4 |
| 5. 我吃得跟平常一样多 | 4 | 3 | 2 | 1 |
| 6. 我与异性密切接触时和以往一样感到愉快 | 4 | 3 | 2 | 1 |

续表

| 评定项目 | 很少有 | 有时有 | 大部分时间有 | 绝大多数时间有 |
|---|---|---|---|---|
| 7. 我发觉我的体重在下降 | 1 | 2 | 3 | 4 |
| 8. 我有便秘的苦恼 | 1 | 2 | 3 | 4 |
| 9. 我心跳比平时快 | 1 | 2 | 3 | 4 |
| 10. 我无缘无故感到疲乏 | 1 | 2 | 3 | 4 |
| 11. 我的头脑跟平常一样清楚 | 4 | 3 | 2 | 1 |
| 12. 我觉得做经常做的事并没有困难 | 4 | 3 | 2 | 1 |
| 13. 我觉得不安而平静不下来 | 1 | 2 | 3 | 4 |
| 14. 我对将来抱有希望 | 4 | 3 | 2 | 1 |
| 15. 我比平常容易激动 | 1 | 2 | 3 | 4 |
| 16. 我觉得作出决定是容易的 | 4 | 3 | 2 | 1 |
| 17. 我觉得自己是个有用的人,有人需要我 | 4 | 3 | 2 | 1 |
| 18. 我的生活过得很有意思 | 4 | 3 | 2 | 1 |
| 19. 我认为如果我死了别人会生活得好些 | 1 | 2 | 3 | 4 |
| 20. 平常感兴趣的事我仍然感兴趣 | 4 | 3 | 2 | 1 |

注:参见林泽炎,李春苗. 实用职工心理卫生与保健[M]. 北京:中国劳动出版社,1999.

评定结束后,把 20 个项目中的各项分数相加,即得到总分,然后将总分乘以 1.25,以后取整数部分,就得到标准分。总分的分界值为 41 分,标准分为 53 分。

**心理健康问卷**

以下检测内容,每个问题有 4 个答案,阅读后,选择与自己实际情况相近的答案。

1. 到新环境你感到紧张恐惧吗?(　　)

A. 不　　B. 有点紧张　　C. 比较紧张　　D. 很紧张,甚至有恐惧感

2. 你常常想一些与“死”有关的问题吗?(　　)

A. 不　　B. 很少想　　C. 比较想　　D. 经常想

3. 你寄出信件后常怀疑自己写错了姓名,对吗?(　　)

A. 不对　　B. 有点对　　C. 比较对　　D. 很对

4. 你与朋友或同事发生摩擦之后,(　　)。

A. 感到不应该,并很快忘记　　B. 有点不愉快,但仍能与其正常交往

C. 牢记心中,难以忘掉　　D. 感到苦恼,甚至怀疑会被人冷落

5. 你在别人观看或监督下,做自己熟练的工作时会出现失误吗?(　　)

A. 会　　B. 不会　　C. 较明显　　D. 很明显

6. 在黑暗中你害怕吗?(　　)

A. 不　　B. 有点　　C. 比较害怕　　D. 非常害怕

7. 你的注意力容易集中吗？（　　）

A. 容易　　B. 不太容易　　C. 较容易　　D. 很容易

8. 你是否愿意一个人待着？（　　）

A. 不愿意　　B. 不太愿意　　C. 较愿意　　D. 很愿意

9. 你遇事总是优柔寡断吗？（　　）

A. 极少　　B. 有点　　C. 较多　　D. 经常

10. 你对自己的要求是否苛刻？（　　）

A. 不　　B. 有点　　C. 比较是　　D. 总是

11. 你是否总怀疑自己的能力？（　　）

A. 从不怀疑　　B. 很少怀疑　　C. 有时怀疑　　D. 经常怀疑

12. 你经常因回想伤心事而暗自流泪,对吗？（　　）

A. 不对　　B. 有点对　　C. 比较对　　D. 很对

13. 你对超过自己的朋友或同事嫉恨吗？（　　）

A. 从不　　B. 有点　　C. 较嫉恨　　D. 非常嫉恨

14. 你经常有一种失落感吗？（　　）

A. 没有　　B. 很少有　　C. 有时有　　D. 经常有

15. 你经常怀疑别人在背后议论自己吗？（　　）

A. 从不　　B. 极少　　C. 有时怀疑　　D. 经常怀疑

16. 你经常莫名其妙地发脾气吗？（　　）

A. 从不　　B. 很少　　C. 有时　　D. 经常

17. 你对生活与工作是否自信？（　　）

A. 很自信　　B. 较自信　　C. 不太自信　　D. 缺乏自信或常常过于自信

18. 你能很好地调节与控制自己的情绪吗？（　　）

A. 能　　B. 基本能　　C. 不太能　　D. 不能

19. 你经常对什么都看不惯吗？（　　）

A. 不是　　B. 很少是　　C. 有时是　　D. 经常是

20. 生活中你总有一种不安全感吗？（　　）

A. 没有　　B. 有,不明显　　C. 有,较明显　　D. 有,很明显

21. 睡眠中你经常做梦吗？（　　）

A. 极少做　　B. 有时做　　C. 较多做　　D. 经常做

22. 你总喜欢获得满足或快慰吗？（　　）

A. 不　　B. 有点　　C. 较喜欢　　D. 很喜欢

23. 会因突然的声音而跳起来,全身发抖吗？（　　）

A. 不会　　B. 极少　　C. 有时　　D. 经常

24. 常常自言自语或独自发笑吗？（　　）

A. 不会　　B. 极少　　C. 有时　　D. 经常

25. 你总觉得父母或朋友对自己缺少爱吗？（　　）

A. 不会　　B. 极少　　C. 有时　　D. 经常

评定:将你所选的 A,B,C,D 四种答案,按 4,3,2,1 计分,100 分为满分,再依照以下评分标准:

76～100 分为心理非常健康;61～75 分为心理健康;46～60 分为心理比较健康;31～45

分为心理不太健康;16 ~ 30 分为心理不健康;0 ~ 15 分为心理很不健康。

评出自己的心理健康状况后,分值在 0 ~ 45 分者,应在日常生活与工作中有针对性地进行调控,有意提高自己的心理素质,以增进身心健康。

## 第三节　行为健康的测量与评价

行为是否健康,其测量及评价比较复杂,但不是不可评价的,可以通过一些特殊方法进行评定。健康人行为最重要的标志,就是有健康的行为方式。那么,怎样才能知道自己的生活方式是否符合健康的要求呢? 心理学家编制了许多组问题让你进行自测。每组问题有 3 种回答,你只需根据自己的情况从中选择一种,然后进行计算,就可以看出你的生活方式是否符合健康、文明的要求,这对提高你的工作效率和健康地生活是有益的。

**健康生活方式问卷**

1. 如果你早上必须早点起床,你就(　　)。
A. 调好闹钟　　B. 要别人叫醒　　C. 顺其自然
2. 早上醒来后,你是(　　)。
A. 立即从床上跳下来开始工作
B. 不慌不忙地起床,做一些轻松体操,然后开展工作
C. 发现时间还早,还可以再睡几分钟,就继续躺在被窝里消磨时间
3. 在通常情况下,你的早餐是(　　)。
A. 稀饭干粮　　B. 牛奶面包　　C. 不吃不喝饿一顿
4. 每天上班,你的习惯是(　　)。
A. 准时赶到工作地点
B. 可稍早稍晚,前后相差半小时左右
C. 灵活掌握
5. 午饭时间你总是(　　)。
A. 急匆匆,在食堂对付一口就算完
B. 慢吞吞,有时还少量喝点酒
C. 从从容容坐下来吃饭,饭后还小憩片刻
6. 不管工作多忙,事情多烦,责任多重,你和同事也总是尽可能地有说有笑,这种情况(　　)。
A. 每天都有　　B. 有时存在　　C. 很少出现
7. 如果在工作中发生争论或矛盾时,你应付的办法是(　　)。
A. 争论不休　　B. 反应冷漠　　C. 明确表态
8. 每天下班后,你回家的时间是(　　)。
A. 不超过 20 分钟　　B. 在 1 小时之内　　C. 在外面泡 1 小时以上
9. 业余时间你是(　　)。
A. 会见朋友和参加社交活动
B. 参加各项体育运动、娱乐活动或看电影
C. 从事家务劳动
10. 对待探亲访友和接待来客,你的态度是(　　)。

A. 可以增长见识,排除杂念,积极休息

B. 浪费时间,又赔钱

C. 讨厌

11. 晚上睡觉时间你总是(　　)。

A. 在同一时间　　B. 凭自己高兴　　C. 事情做好之后

12. 如果有假期,你是怎样使用的?(　　)

A. 集中一次过完　　B. 一半安排在夏季,一半在冬季　　C. 待有家事时,就使用

13. 运动在你生活中所占的地位(　　)。

A. 只是喜爱看别人运动

B. 常在空气新鲜的地方做做操、打打拳

C. 不喜欢运动,自己也从不运动

14. 最近两个星期内(即使只有一次),你曾经(　　)。

A. 到外面游玩过　　B. 参加过体力劳动或运动　　C. 散步 4 000 米以上

15. 暑假你是这样度过的?(　　)

A. 消极休息　　B. 做点体力劳动　　C. 散散步,也参加体育活动

16. 你的自尊心的表现方式是(　　)。

A. 不惜任何代价要达到目的

B. 深信努力将会结出果实

C. 用各种方式向别人暗示,要他们对你作出正确评价

请开始计分。首先对照表 4-9,查出每道题的得分。例如,第一道题的三种情况,选择第二种情况“要别人叫醒”,那么,根据表中的得分为 20 分。其他各题以此类推。然后,把每题的得分相加得到总分。根据总分数,就可知道你的生活方式是否符合健康的要求。

**表 4-9　健康生活方式得分统计表**

| 情况 | 得分 | | | | | | | | | | | | | | | |
|---|---|---|---|---|---|---|---|---|---|---|---|---|---|---|---|---|
| | 1 | 2 | 3 | 4 | 5 | 6 | 7 | 8 | 9 | 10 | 11 | 12 | 13 | 14 | 15 | 16 |
| A | 30 | 10 | 20 | 0 | 0 | 30 | 0 | 30 | 10 | 30 | 30 | 20 | 0 | 30 | 0 | 0 |
| B | 20 | 30 | 30 | 30 | 10 | 20 | 0 | 10 | 20 | 0 | 0 | 30 | 30 | 30 | 20 | 30 |
| C | 0 | 0 | 0 | 20 | 30 | 0 | 30 | 0 | 30 | 0 | 0 | 10 | 0 | 30 | 30 | 10 |

评价:

400 ~ 480 分:可以肯定地说,你是一个善于生活、工作和休息的人。不必担心刻板规律的生活会让你感到单调,相反,积聚的精力和健康的体魄会使你的生活更加丰富多彩、更有意义和富有创造性。

280 ~ 399 分:你能在工作繁忙的情况下掌握恢复工作能力的艺术,只要根据自己的机体特点更加合理地安排工作和生活,还是有提高效率和创造性的潜力。

160 ~ 279 分:你处在“中游”水平。但是,如果长此下去,可以说将很少能健康地工作和生活。但从现在开始注意还不晚!要改变那些不良的卫生习惯和生活方式。请接受忠告,不要把可以防患于未然的事放到明天去做!

159 及以下分:你的状况不佳。如果你已经感到身体不舒服,特别是心血管系统不太正常,很可能是那些有害于健康的生活方式造成的。在这种状况下,彻底改变现在的生活习惯,抵制恶习,把健康夺回来,还为时不晚!

利用“关于体育活动的态度量表”(表 4-10),可以考察一般人对体育活动的参与态度。

**表 4-10 关于体育活动的态度量表**

| | 题目 | 非常反对 | 反对 | 不能确定 | 赞成 | 非常赞成 |
|---|---|---|---|---|---|---|
| 1 | 我期待着参加体育活动 | | | | | |
| 2 | 我希望有一个比剧烈的体育活动更快乐的保持健康的方法 | | | | | |
| 3 | 体育活动是单调乏味的 | | | | | |
| 4 | 我不喜欢体育活动 | | | | | |
| 5 | 体育活动对我来说是极其重要的 | | | | | |
| 6 | 由于有了体育活动,生活更加丰富多彩 | | | | | |
| 7 | 体育活动令人愉快 | | | | | |
| 8 | 我不喜欢进行有规则的体育活动 | | | | | |
| 9 | 为了参加体育活动,我会安排或改变我的时间表 | | | | | |
| 10 | 我不得不强迫自己参加体育活动 | | | | | |
| 11 | 逃脱一天的体育活动,是十足的宽慰 | | | | | |
| 12 | 体育活动是我一天中最重要的事情 | | | | | |

[评分规则]

在 1,5,6,7,9 和 12 的陈述中,评分规则是:

非常反对=1,反对=2,不能确定=3,赞成=4,非常赞成=5。

在 2,3,4,8,10 和 11 的陈述中,评分规则是:

非常反对=5,反对=4,不能确定=3,赞成=2,非常赞成=1。

评价:

54～60 分:对体育活动持非常赞成态度。

42～53 分:对体育活动持赞成态度。

30～41 分:对体育活动持中立态度。

18～29 分:对体育活动持反对态度。

12～17 分:对体育活动持非常反对态度。

# 第五章　体育锻炼与发展体能的方法

## 第一节　体育锻炼的基本原则

体育锻炼是指锻炼者有计划、有规律、重复性的，以提高身体素质、增进身体健康、增强自身体能为目的的身体活动。如踢足球、打篮球、跑步等。体育锻炼的原则是指在体育锻炼过程中必须遵守的基本行动准则和要求，是人们在长期的体育锻炼实践基础上所积累的各种经验与概括，也是体育锻炼活动基本规律的反映。

体育锻炼的原则是从自身的身体锻炼特点出发，以体育锻炼的基本理论为基础，通过基本理论的指导，进而有效地进行身体上的锻炼，并在实践过程中不断地发展与完善，使体育锻炼达到良好的效果。

### 一、增强个人锻炼意识，加强自身锻炼——"自觉主动原则"

在体育锻炼这一过程中，锻炼者须通过多种方式与手段进行体育参与，在此过程中形成一种积极的、内在的、符合锻炼者个人需求的心理，以产生外在的行为机制与内在的激励机制。体育锻炼可以对参与者进行外在及内在的良好改造，但如果在锻炼这一过程中有下列行为，则效果将大打折扣。

(1)当体育锻炼者是被强制、被迫的，其个人不情愿地参与了身体锻炼，则效果将不明显，且结果只能在短期内产生良好的影响。

(2)如果锻炼者是积极主动的且有良好的锻炼意识，则效果将会明显且影响持久。在长期体育锻炼中，要求锻炼者必须克服自身惰性，养成良好的日常锻炼习惯。

自觉主动是体育锻炼者主体所具有的正确的体育价值观。锻炼者有意识地、积极主动地、发自肺腑地对体育锻炼有明确的需求。体育参与者在对体育锻炼价值的不断认知过程中，要不断提高自己的意识，增强自觉性、主动性及积极性，要转换为积极的思想，从"被迫锻炼"变为"主动锻炼"。

在贯彻自觉主动这一原则上，应注意以下三点：

(1)正确认识体育锻炼价值，使用科学有序的方法进行锻炼，从而达到良好的锻炼效果。

(2)在锻炼过程中，必须做到身体与心理一致。身体锻炼的同时，心理也要得到良好的锻炼。

(3)合理运用"心理调整"等方法，把身体、心理、运动智能等相结合，使其成为一体。

## 二、由量变到质变，逐步提高——“循序渐进原则”

循序渐进原则要求体育锻炼者要遵循人体良好的发展和适应内在与外在环境的生理规律，按照一定的规律或步骤逐渐深入或提高。

合理的体育锻炼可以对人体各个机能给予良性刺激，每次刺激都可以产生一定的作用痕迹。如果进行连续不断的刺激，则人体产生的作用痕迹效应会得到积累，使人体机能和结构产生一定的适应性变化。体育锻炼者通过规律且合理的锻炼，逐步增强自身机能，使其动作技能的条件反射也不断得到强化。无规律或不合理的锻炼，不仅不能获得良好锻炼效益的积累，而且会导致获得的适应性逐渐减弱。

体育锻炼者在锻炼过程中，要根据人体发展的基本规律和生理机能变化发展的阶段性特征，合理地安排运动强度和运动负荷，通过科学合理的安排，慢慢打破机体原有的内在平衡，从而实现由量变到质变的过程。因此锻炼者要合理且规律地进行身体锻炼，对于运动时间、次数、频率和强度等要逐渐增加，锻炼的内容要由易到难、由简到繁，逐步提高。

在贯彻循序渐进这一原则上，应合理地安排锻炼时间，养成坚持锻炼的习惯。体育锻炼不仅要有长期的计划，还要有短期的安排，要根据锻炼者自身的身体情况进行计划与安排，使锻炼者的机体可以良好地适应运动负荷。比如，低强度、低负荷的运动，在时间安排上，间隔要短；高强度、高负荷的运动，在时间安排上，间隔要长。强度大的运动，安排的次数要少；强度小的运动，安排的次数可以多一些。

## 三、养成坚持锻炼的习惯——“持之以恒原则”

体育锻炼对人体外在与内在的改造在短时间内是不能实现的。人体同样也遵循“用进废退”这一自然法则。比如，原有的锻炼效果不进行强化与巩固就会慢慢消退；进行了强化与巩固就会保持或增加。所以，不管是从锻炼的行为、锻炼的意识还是锻炼的效果来看，都必须遵循持之以恒原则。

在贯彻持之以恒这一原则上，应注意：

锻炼要日复一日，坚持并持久，不能三天打鱼两天晒网，只有持之以恒才会有显著的效果。使锻炼身体成为一种兴趣，成为生活的一部分，当兴趣逐渐产生，愉悦了身心，融入了生活，从而就养成了良好的锻炼习惯。

## 四、各方面协调提高——“全面锻炼原则”

人的构成分为三个层面，社会、生理及心理层面。单纯从身体素质来讲，分为身体形态、生理机能、运动素质和各器官系统等，它们相互影响。人体是由神经系统、呼吸系统、消化系统、运动系统、循环系统、内分泌系统、泌尿系统、生殖系统组成。体育锻炼和人体各器官系统相辅相成，体育锻炼都是在人体各器官系统共同协调配合下完成的，与此同时，体育锻炼又可以对各器官系统的活动产生良好的影响。

体育锻炼要遵循全面锻炼原则，从各方面对人体进行改造。在改造过程中，要做到方法的多样性、内容的全面性和过程的系统性。体育锻炼必须要达到身体形态、生理功能、运动功能、身体素质及心理素质等方面全面协调发展，塑造健全的身体与心理。

在贯彻全面锻炼这一原则上，应注意以下两点：

(1)身体与心理要全面协调发展，不仅要适应外部与内部环境，有抵抗疾病的能力，还要合理改善自身的身体形态，有健全的心理，有丰富的文化生活等。

(2)体育锻炼的内容与方法应全面，锻炼的内容应最大限度地符合自身的需要。

### 五、根据实际情况，因人而异——“具体针对原则”

在日常体育锻炼中，锻炼者必须结合自身的体质特征、身体机能的状况、健康水平的情况、体育文化的素养、锻炼的大环境等因素，选择符合个人自身情况的锻炼方法、锻炼内容及运动负荷与强度。体育锻炼要根据实际情况，做到因人而异、因地制宜等。

体育锻炼要考虑锻炼者的性别、年龄、体质水平、健康状况、锻炼目的以及运动项目的特点等因素，根据锻炼者个人的身体状况和心理状态，因人、因时、因地选择适宜的运动量。比如在选择合适的负荷与强度方面，首先要明确什么是运动负荷和运动强度。运动负荷又称运动量，是指人体在体育活动中所承受的心理、生理负荷量及消耗的热量。运动负荷的大小是由完成练习所持续的时间、运动强度、动作的准确性及运动项目的特点等因素来决定的。运动强度是指运动时，身体的紧张程度与动作用力的大小。运动强度的主要影响因素有：练习的密度、动作速度、练习的间歇时间、练习所负的重量、要求投掷的距离、每次跳高的高度及动作的难度和复杂性。普通的健康身体锻炼者，在选择适宜的运动量上，一般采用心率百分法来确定，有氧锻炼是以本人最高心率的70% ~80%的强度为标准；无氧锻炼是以本人最高心率的90%的强度为标准。

在贯彻具体针对这一原则上，应注意以下两点：

(1)体育锻炼者要根据自身身体状况和生理情况等量力而行。根据个人的实际情况选择适合自己的锻炼内容与方法，同时应控制好运动负荷与运动强度。

(2)要根据体育锻炼者的性别、年龄、劳动强度、睡眠质量、营养摄入情况、个人兴趣及季节与气候情况等综合因素统筹安排运动负荷、运动强度以及合理的运动间歇，以促进身体各个器官系统与各种素质全面提高。

## 第二节　体育锻炼的计划

体育锻炼计划是指根据体育锻炼者锻炼的外部环境与其自身的内部条件，提出在未来一定时期内要达到的锻炼目标以及实现目标的方案途径。体育锻炼计划能较好地保证身体锻炼有计划、有步骤、有针对、有目的地进行，从而克服在锻炼过程中出现的片面性、盲目性与随意性，能更加充分、合理地控制与运用时间，选择最科学有效的方法，进而达到良好的预期效果。

体育锻炼计划一般包括锻炼的时间、次数、内容、方法及目标等。体育锻炼计划的制订，要符合全面性、层次性、阶段性、系统性，必须遵循从低到高、从简单到复杂的原则，循序渐进，逐步增加运动负荷与运动强度。大学生的体育锻炼计划应遵循运动训练学中的周期训练原则。周期训练原则按照时间的跨度，分为多年训练周期、年度训练周期、大训练周期、中训练周期、小训练周期及日训练周期。训练计划也可以分为多年训练计划、年度训练计划、大训练计划、中训练计划、小训练计划及日训练计划。大学生在校期间的体育锻炼计划应根据《国家体育锻炼标准》《国家学生体质健康标准》及体育课教学内容与要求，以及学生本人所学的专业课程特点，按照体育锻炼的基本原则，合理地进行安排。

有计划地进行体育锻炼，不仅可以有效地避免在锻炼过程中出现片面性、盲目性和随意性错误，而且还能较好地处理学习、生活与体育锻炼之间的关系，进而形成良好的体育锻炼习惯。

## 一、锻炼的时间与次数、强度等的合理安排

大学生在校期间应严格遵守学校制定的学习、生活作息安排制度，积极参加早操和课外体育锻炼活动，认真上好体育课。在运动时间与次数的安排上，不要产生误区，认为运动时间越长越好，运动次数越多越好，须知体能是有阈值的，一旦超过了人体极限，反而会感到加倍的疲劳，同时也不利于体能的恢复，最终将导致无法进行之后的身体锻炼。在运动负荷与强度上，不要急于求成，应遵循循序渐进原则，根据每次锻炼之后的效果来适当增加负荷与强度。

锻炼时应注意以下几点：

(1)早操时间一般为0.5小时。运动负荷宜低，运动强度以不出现运动疲劳为度，以有氧练习为主。

(2)课外体育锻炼活动时间可长于早操时间，以1～1.5小时为宜，在晚饭前0.5小时结束。

(3)有些体育锻炼者习惯在睡觉前进行身体锻炼，此时运动量要小，时间不宜太久，以免影响睡眠。

(4)在期中、期末考试准备期、复习期及考试期，也需要进行身体锻炼，但运动时间、运动负荷和运动强度等可适当减少。

(5)在锻炼之前，应制订合理的训练计划与内容；在锻炼时，应严格遵循锻炼原则与方法。

## 二、选择适当的内容与合理的方法

制订体育锻炼计划的内容与方法要遵循体育锻炼的基本原则，如果在制订过程中不切合体育锻炼者自身的实际情况，则锻炼是没有任何意义的。因此，体育锻炼者一定要结合自身实际的内外部情况，选择适当的内容、合理的方法及符合实际的锻炼计划。

锻炼内容与方法的制订应注意以下几点：

(1)遵循《国家体育锻炼标准》和《国家学生体质健康标准》的相关内容，早操、课外体育

锻炼活动与体育课,三者内容应相互结合。

(2)通过参加学校、系、班的体育竞赛活动、各种社会体育活动、体育课程学习等,了解自己的兴趣点,发挥自己的优势,弥补自身的不足,制订符合自己的锻炼内容和锻炼方法。

(3)在制订锻炼内容上,如提高运动素质,应注意速度、力量、耐力、灵敏和柔韧等练习相结合,上肢力量与下肢力量练习相结合,动力性练习与静力性练习相结合,大肌肉群与小肌肉群力量练习相结合等。在锻炼内容上,每次应最少安排一项主要练习,再搭配其他辅助练习。

### 三、确定锻炼目标

体育锻炼者在确定自己锻炼的总体目标时,应先在心里有一个较为明确的小目标,希望通过锻炼达到一个怎样的预期效果和最终目的。然后通过细化,分阶段制订详细且具体的目标。

作为在校大学生,要处理好体育锻炼、学习及休息三者之间的关系,要劳逸结合,这样才能为下一次或下一阶段的锻炼准备充足的体能。

在制订目标上,应注意以下几点:

(1)低年级学生:通过体育课、早操及课外体育锻炼活动,完成《国家学生体质健康标准》的任务;培养体育具体项目的兴趣和爱好,选择适合自身实际情况的运动项目进行锻炼。

(2)高年级学生:加强对自己兴趣爱好项目的锻炼,最少掌握 1 项运动项目,同时进一步提高运动素质,增强体质,培养终身体育观。

## 第三节　运动处方

### 一、运动处方概论

#### (一)运动处方的概念

美国生理学家卡波维奇在 20 世纪 50 年代首次提出运动处方这一概念。世界卫生组织在 1969 年首次使用运动处方这一术语。运动处方是指康复医师或体疗师,对体育锻炼者或病人,根据医学检查资料,包括体力测验与运动试验,对其体力、健康及心血管功能状况,以处方的形式规定运动种类、运动时间、运动频率以及运动强度,提出在运动过程中的一些注意事项。运动处方是指导人们科学、有计划、有目的地锻炼的一种方法。运动处方和临床医生根据不同病人的病情开出不同药物和不同用量的处方一样,但二者的区别是:①目的不同,运动处方是用来促进健康、提高体适能或预防疾患的;临床药物处方是用来治疗疾病的。②终点不同,运动处方是为了获得健康和体适能的功效,在整个人生中都必须持续进行适当的运动;临床药物处方在病人痊愈后就应停止使用。

（二）运动处方的种类

（1）运动处方按锻炼的对象与作用分为3类：

①预防性：主要目的是预防疾病、增强体质及提高健康水平等。

②治疗性：主要目的是治疗疾病与提高康复效果等。

③健身与健美：主要目的是提高运动能力、身体素质和健身与健美等。

（2）运动处方按锻炼的器官系统分为4类：

①心血管系统。

②运动系统。

③神经系统。

④呼吸系统。

（三）运动处方的特点

（1）有较强的科学性：从制订到实施，每一过程都严格遵循了临床医学、康复体育、运动学等多学科的要求。只要严格按照运动处方进行合理的锻炼，就能在较短的时间内，取得较明显的健身与康复效果。

（2）有较强的计划性：在运动中有较强的计划性，在实施的过程中易于坚持。

（3）有较强的针对性：运动处方是根据每个体育锻炼者的个人实际情况进行制订和实施的。

（4）有较强的目的性：从制订到实施都是根据运动处方的目的进行的，有明确的远期和近期目标。

（5）有较强的普及性：内容上简明易懂，大众易了解，是进行大众健身与康复的理想方法。

（四）运动处方的作用

运动处方不同于普通的体育锻炼和一般的治疗方法，是具有很强的针对性、目的性、选择性的运动疗法。

运动处方的生理作用主要有以下几点：

（1）对呼吸系统的作用：可改善呼吸系统的功能状态，能增强呼吸系统的摄氧能力与通气量。

（2）对心血管系统的作用：对于身体正常的体育锻炼者，有氧运动（注：运动处方主要是采用中等强度的、以有氧代谢为主的耐力运动）对增强心血管系统的输氧能力、调节做功肌肉的摄氧能力、代谢产物的清除等方面有显著的作用。

（3）对消化系统的作用：对消化系统的机能有很好的促进作用，可以更好地加强营养素的吸收与利用，增进食欲；促进胆汁合成与排出，减少胆石症的发生；促进胃肠道的蠕动，防治便秘等疾病。

（4）对神经系统的作用：能提高中枢神经系统的兴奋或抑制能力、改善大脑皮质和神经—体液的调节功能、提高神经系统对各器官及系统的机能调节等。

(5)对运动系统的作用:可增强肌肉的力量、耐力与协调性,促进骨骼的生长与发育,刺激本体感受器等。

(6)对人的心理作用:运动能很好地释放压抑的情绪,增强心理的承受能力,保持心理的平衡。按运动处方进行运动,可以在工作、学习、生活上更好地保持积极良好的情绪。

(7)对代偿功能的作用:因伤病导致人体的肢体功能丧失时,可以产生各种代偿功能进而弥补丧失的功能。

(8)对体脂的作用:坚持合理、科学的运动,在运动处方的辅助下,能有效减少脂肪,发挥预防疾病和健身与健美的作用。

## 二、运动处方的制订与实施

### (一)运动处方的要素

运动处方一般包含以下五个要素:①运动强度;②运动频率;③持续时间;④运动形式;⑤注意事项。

**1. 运动强度**

运动强度是指单位时间内的运动量(运动强度=运动量/运动时间),它是决定运动负荷的主要因素之一。运动强度构成的主要因素有动作的速度、练习的密度、练习的间歇时间、练习所承受的重量、要求投掷的距离、每次跳高的高度、动作的难度与复杂性等。不同的运动强度对人体的刺激作用也是不同的。例如,合适的运动强度可以促进身体机能的提高;反之,如果强度超过人体的承受能力,会使身体机能衰退,损害身体健康。

在运动处方的制订过程中,运动强度的核心是科学性、定量化,其设定是最为困难与复杂的。所以要有一些数值以及量化标准来进行检测,比如,最大吸氧量的百分比、相对代谢率(RMR)、最大心率百分比、跑步速度、代谢当量、训练时的心率、代谢当量(MET)、主观感觉(RPE)等。

根据国内外书籍、参考文献等相关资料表述,本书将运动强度划分为 8 种,不同的表述又对运动强度有着不同的等级划分。

(1)按摄氧量划分运动强度。能耗量与运动强度成正相关,能耗量与吸氧量也成正相关,目前在实验与研究中多用单位时间内的吸氧量来对运动强度进行划分。吸氧量通常用测试者本人的最大吸氧量的百分比来表示(注:有氧训练也按此进行划分)(表 5-1)。

**表 5-1　按摄氧量划分运动强度等级表**

| 强度等级 | 本人最大吸氧量 |
| --- | --- |
| 极量强度(最大强度) | 95% ~100% |
| 近极量强度 | 85% ~95% |

续表

| 强度等级 | 本人最大吸氧量 |
|---|---|
| 亚极量强度(次最大强度) | 70% ~80% |
| 中等强度 | 55% ~65% |
| 小强度 | 等于或大于50% |

有些运动以无氧供能为主,在运动时将运动强度按无氧供能划分为 3 个等级(表 5-2)。

**表 5-2　按无氧供能划分运动强度等级表**

| 强度等级 | 无氧供能占总能需量的比例 |
|---|---|
| 极量强度 | 90% ~100% |
| 近极量强度 | 75% ~85% |
| 亚极量强度 | 60% ~70% |

(2)按相对代谢率划分运动强度。相对代谢率(RMR)是运动强度的指标之一,计算公式:运动强度(相对代谢率)=(运动时能量代谢率-安静时能量代谢率)/基础代谢率(表 5-3)。

**表 5-3　按相对代谢率(RMR)划分运动强度等级表**

| 强度等级 | 相对代谢率(RMR) |
|---|---|
| 轻 | 3 |
| 重 | 3 ~8 |
| 很重 | 大于9 |

(3)按最大心率百分比划分运动强度。在进行运动负荷时,运动量与耗氧量、心率成正相关,随着运动量的增加,耗氧量和心率也随之增加。最大心率是指人处于最大负荷强度且耗氧量与心率不能继续增加时,心率达到的最高水平。美国运动医学会在 1990 年将运动强度按最大心率百分比划分为 5 个等级(表 5-4)。

**表 5-4　按最大心率百分比划分运动强度等级表**

| 强度等级 | 运动心率 |
|---|---|
| 很轻松 | 大于最大心率的 35% |
| 轻松 | 最大心率的 35% ~59% |
| 稍费力 | 最大心率的 60% ~79% |
| 费力 | 最大心率的 80% ~89% |
| 很费力 | 最大心率的 90% 以上 |

(4)按跑步速度划分运动强度。生理学家法尔费利对不同距离跑的世界纪录的平均速度进行统计,并对统计的数值进行分析,计算出平均速度、距离和时间的关系(表 5-5)。

**表 5-5　按跑步速度划分运动强度等级表**

| 运动强度 | 距离 | 平均速度 | 持续时间 |
|---|---|---|---|
| 最大强度 | 100～200 米 | 9.4～10.1 米/秒 | 10～30 秒的周期性练习 |
| 次最大强度 | 400～1500 米 | 6.8～8.7 米/秒 | 45 秒至 3～5 分钟的周期性练习 |
| 大强度 | 3 000～10 000 米 | 5.8～6.3 米/秒 | 7～50 分钟的周期性练习 |
| 中等强度 | 10 000 米以上的各种超长距离或马拉松跑 | 3～5 米/秒 | 1 小时以上的周期性练习 |

(5)按运动时代谢当量划分运动强度。代谢当量(MET)是运动负荷强度大小和人体心脏功能的指标,与安静时的能耗量或代谢率相当,又称梅脱。梅脱是以安静时的能量消耗为基础,表达各种活动时的相对能量代谢水平。机体的耗氧量与身体活动时的能耗量成正相关,静息状态下耗氧量绝对值约为 250 毫升,相对值为 3.5 毫升/千克/分钟,机体在静坐休息时,每分钟、每千克体重摄氧 3.5 毫升,定为 1 代谢当量(表 5-6、表 5-7)。

**表 5-6　按运动时代谢当量划分运动强度等级表(男)**

| 运动强度 | 代谢当量(MET) | 千焦/分钟 | 升/分钟 | 毫升/千克/分钟 |
|---|---|---|---|---|
| 轻 | 1.6～3.9 | 8.4～20.0 | 0.4～0.99 | 6.1～15.2 |
| 中等 | 4.0～5.9 | 21.0～31.0 | 1.0～1.49 | 15.3～22.9 |
| 重 | 6.0～7.9 | 31.4～41.4 | 1.5～1.99 | 23.0～30.6 |
| 很重 | 8.0～9.9 | 42.0～52.0 | 2.0～2.49 | 30.7～38.3 |
| 过重 | 10.0～ | 52.3～ | 2.5～ | 38.4～ |

**表 5-7　按运动时代谢当量划分运动强度等级表(女)**

| 运动强度 | 代谢当量(MET) | 千焦/分钟 | 升/分钟 | 毫升/千克/分钟 |
|---|---|---|---|---|
| 轻 | 1.2～2.7 | 6.3～14.5 | 0.3～0.69 | 5.4～12.5 |
| 中等 | 2.8～4.3 | 14.7～22.6 | 0.7～1.09 | 12.6～19.8 |
| 重 | 4.4～5.9 | 23.0～31.0 | 1.1～1.49 | 19.9～27.1 |
| 很重 | 6.0～7.5 | 31.4～39.4 | 1.5～1.89 | 27.2～34.4 |
| 过重 | 7.6～ | 40.0～ | 1.9～ | 34.5～ |

(6)按主观感觉划分运动强度。瑞典著名的生理学家、心理学家加纳博格制订的“主观运动强度等级表”(RPE)被许多国家作为运动时心理负荷的标志所运用。RPE 按自我感觉划分为 6～20 等级,认为当时运动强度的心率水平=RPE 值×10。但近些年来的研究表明,

RPE 值为 11 ~ 16，RPE 值×10+10−20 才比较接近当时运动强度的心率。RPE 值 11 ~ 16，相当于 50% ~75% 最大代谢当量（表 5-8）。

**表 5-8　按主观感觉划分运动强度等级表**

| 自我感觉 | 等级 |
| --- | --- |
| 非常轻松 | 6、7、8 |
| 很轻松 | 9、10 |
| 尚轻松 | 11、12 |
| 稍累 | 13、14 |
| 累 | 15、16 |
| 很累 | 17、18 |
| 精疲力竭 | 19、20 |

（7）按力量训练划分运动强度。超负荷原则是力量练习的关键，可用一次最大重量的重复次数来确定力量练习的运动强度（表 5-9）。

**表 5-9　按力量训练划分运动强度等级表**

| 运动强度 | 一次最大重量的重复次数 | 最大肌力百分比 |
| --- | --- | --- |
| 最大强度 | 1 | 100 |
| 次最大强度 | 2 ~ 3 | 85 ~ 95 |
| 大强度 | 4 ~ 7 | 75 ~ 85 |
| 次大强度 | 8 ~ 12 | 60 ~ 75 |
| 中等强度 | 13 ~ 18 | 40 ~ 60 |
| 小强度 | 19 ~ 25 | 25 ~ 40 |
| 很小强度 | 25 ~ | 25 ~ |

（8）按心率划分运动强度。心率与运动强度之间存在线性关系，二者呈正相关。性别、年龄、身体状况及训练水平都会影响运动时心率的增加。最大心率的百分比和最大心率贮备百分比这两种方法可以确定运动强度（表 5-10）。

**表 5-10　按心率划分运动强度等级表**

| 强度 | 心率次/分钟 |
| --- | --- |
| 80% | 160 |
| 70% | 140 |
| 60% | 120 |
| 50% | 110 |

**2. 运动频率**

运动频率又称运动速率，指在单位时间内，运动动作重复的次数。运动频率表现了运动的时间过程，反映出运动的时间特征。一般情况下，运动频率越大，移动速度就越快。在周期性项目中，决定移动速度的基本要素之一就是速率。一般的周期性运动项目，如跑步、游泳等，运动员在单位时间内加快运动频率就可以加快速度。调整运动负荷的一个重要方法就是改变运动频率，在规定的运动时间内，运动频率越大，说明该段时间内的练习强度也越大。

假如每周运动频率只有0～2次(0是指平均每周小于1，如两周运动1次)，不管锻炼者参与无氧训练、有氧训练或其他训练，如果身体每次运动后都会出现长达数天严重的肌肉延迟性酸痛，那么这样的运动频率就无法累积运动效果。每周运动频率大于或等于3次，则有运动累积效果的基础保证。每周累积约5小时的中等强度运动，或2.5小时的高强度运动，锻炼的效果明显。所以，每周运动3～5次，每次1小时，锻炼效果较为理想。由于运动效应的累积效果，因此运动间隔不宜超过3天。坚持每天都参与锻炼当然更好，但要保证次日不会仍然疲劳。要把运动融入生活，养成终身运动的习惯。

**3. 运动时间**

运动时间分为运动的总时间与运动的各部分时间。运动的总时间是指完成一个完整的动作所需的时间，如完成一个足球射门动作所需的时间。运动的各部分时间是指在运动过程中不同运动阶段所需的时间，如踢球时的助跑，踢球时腿摆动、脚触球等每个阶段的时间。

运动持续时间与人体的生理负荷有紧密的联系。在一定强度时，运动强度与运动时间成反比，持续时间越长，负荷越大；持续时间越短，负荷越小。因此，在运动训练、体育教学等过程中，要把握好运动时间与运动强度的关系。

**4. 运动形式**

体育运动有各种走、跑、跳、投等多种形式，以运动时身体代谢为标准，将体育活动分为有氧运动、无氧运动及有氧和无氧相结合的混合性活动(表5-11)。

(1)有氧运动。有氧运动多采用相对柔和的方式来进行身体锻炼，人们在运动的过程中消耗多余的热量，又不易使锻炼者受伤，适合各年龄段人群，常见的有氧运动主要有慢跑、游泳、瑜伽等。

(2)无氧运动。无氧运动是指从事的运动非常剧烈或急速爆发，在一瞬间机体需要大量的能量，而有氧代谢不能满足身体此时的需求，于是糖就进行了无氧代谢，以迅速产生大量能量。无氧运动是年轻人比较偏爱的一种运动，多适合身体相对强健的年轻人，常见的无氧运动有短跑、跳高、肌力训练等。

(3)有氧与无氧相结合的混合运动。有氧与无氧相结合的混合运动，对人体帮助最大。通过有氧和无氧相结合的方式，能够更好且具有针对性地进行减肥与减脂，同时可以让一些身体素质较差的人在短时间内提高各个器官的能力，常见的有氧与无氧相结合的混合运动有足球、篮球、间歇训练等。

表 5-11　有氧、无氧及混合运动项目示例

| | | | | | |
|---|---|---|---|---|---|
| 有氧运动 | 慢跑 | 游泳 | 骑自行车 | 瑜伽 | 广场舞 |
| 无氧运动 | 短跑 | 投掷 | 跳高 | 举重 | 肌力训练 |
| 混合运动 | 足球 | 篮球 | 手球 | 橄榄球 | 间歇训练 |

**5. 注意事项**

在运动处方实施中,需要注意以下事项:

(1)进行医学检查并获得运动许可。

(2)运动负荷、运动强度符合本人体力。

(3)有一定的运动经验。

(4)定期检查场地、设备器材,并确定其可使用。

(5)在无氧训练时,身边要有同伴、指导者等。

### (二)运动处方的制订程序与原则

**1. 制订程序**

运动处方的制订程序应严格按照相关规定。制订程序包括:

(1)一般调查。通过一般调查对参加锻炼者或病人的基本健康状况和运动情况进行简单的了解。通常,一般调查包括:①了解病史及健康状况;②了解运动史;③了解健身、康复的目的;④了解社会环境条件等。

(2)临床检查和功能检查。临床检查主要包括:①心血管系统的检查;②神经系统的检查;③呼吸系统的检查;④运动系统的检查等。功能检查主要包括:①肾功能检查;②肝功能检查;③代谢功能检查等。

(3)运动试验及体力测验。运动试验是评定心脏功能、制订运动处方的主要方法和依据,根据检查的目的与被检查者的个人具体情况来选择试验方法。常用的测定方法是递增负荷运动试验(GXT),通常采用活动平板(跑台)、功率自行车等。

体力测验包含运动能力测验与全身耐力测验。运动能力测验是对肌力、柔韧性进行测验;全身耐力测验采用有氧运动的运动方式,包含走、跑、游泳等,如 12 分钟跑测验。

(4)制订运动处方。根据参加锻炼者或病人的具体情况制订运动处方。

(5)实施运动处方。在实施的过程中,应注意每次的运动安排、锻炼中的运动强度监控、运动中的医务监督等。在运动的安排上,每次运动都应包含 3 个部分:①准备活动部分;②基本部分;③整理活动部分。在实施的过程中,还应注意时刻要有医务人员对参加锻炼者或病人的运动强度进行监测、观察,以确保他们的安全。

(6)运动中的医务监督。运动处方在实施的过程中,一般的健康人要进行自我监督;对治疗性运动处方的实施要进行医务监督。

(7)运动处方的修改步骤。依据运动处方锻炼一段时间后,根据参加锻炼者或病人的生理反应与适应状况,对运动处方做出一定的修改或调整。

**2. 运动处方的原则**

(1)因人而异原则。运动处方的制订必须因人而异,不能千篇一律。制订的处方要符合参加锻炼者或病人个人的具体情况。比如,针对不同的疾病,制订的运动处方不同;同一种疾病的不同病期,制订的运动处方也不同等。

(2)有效原则。在制订内容时,要有科学性、合理性;在实施过程中,要保证有质有量地完成训练。参加锻炼者或病人在实施过程中,其功能状态要有所改善。

(3)安全原则。在制订和实施运动处方时,应严格遵循各项规定与要求,以保证安全性。同时在运动时,应确保在安全的范围内进行,假如超出了安全界限,就可能发生危险。

(4)全面原则。在制订和实施运动处方时,要保证人体生理和心理的平衡,从而达到"全面身心健康"的目的。

## 三、运动保健处方

运动保健是指在体育锻炼、运动训练和比赛中运用临床医学和体育学的理论知识和方法对体育运动者进行监督与指导的过程。它包括了体育卫生、医务监督、运动创伤及医疗体育等方面的内容。运动保健处方的目的在于帮助临床医生、健康保健专业人员等学习怎样最有效地帮助患者成为有规律的运动者(表 5-12—表 5-16)。

**表 5-12　运动保健处方:发展各种身体素质和运动能力**

| | |
|---|---|
| 锻炼目的 | 发展各种身体素质和运动能力 |
| 锻炼内容 | 俯卧撑、仰卧起坐、卷腹、多级跨跳等 |
| 运动强度 | 心率 130 次/分钟左右 |
| 运动时间 | 50 ~ 60 分钟 |
| 运动频率 | 3 次/周 |
| 注意事项 | 循序渐进,逐渐增加运动时间与强度,同时要合理膳食,注意休息 |

**表 5-13　运动保健处方:克服心理焦虑**

| | |
|---|---|
| 锻炼目的 | 克服心理焦虑 |
| 锻炼内容 | 有氧运动,如慢跑、瑜伽等 |
| 运动强度 | 心率 120 ~ 150 次/分钟 |
| 运动时间 | 45 ~ 60 分钟 |
| 运动频率 | 3 ~ 4 次/周 |
| 注意事项 | 最好是中等强度以上的有氧运动 |

表 5-14　运动保健处方:帮助消化

| | |
|---|---|
| 锻炼目的 | 帮助消化 |
| 锻炼内容 | 慢走、腹部按摩、转体练习等 |
| 运动强度 | 心率 100 次/分钟左右 |
| 运动时间 | 20 ~ 30 分钟 |
| 运动频率 | 1 次/天 |
| 注意事项 | 每天晚饭后锻炼,效果更佳;每天锻炼时间可短些,一天多次 |

表 5-15　运动保健处方:消除疲劳

| | |
|---|---|
| 锻炼目的 | 消除疲劳 |
| 锻炼内容 | 散步、远足、瑜伽、健身操等 |
| 运动强度 | 心率 100 次/分钟左右 |
| 运动时间 | 20 ~ 30 分钟 |
| 运动频率 | 3 ~ 5 次/周 |
| 注意事项 | 运动时间与频率应根据自己的实际情况而定,消除身体疲劳的运动强度要小,消除大脑疲劳的运动强度一般为中等 |

表 5-16　运动保健处方:纠正胸廓畸形

| | |
|---|---|
| 锻炼目的 | 纠正胸廓畸形 |
| 锻炼内容 | 直臂扩胸、双臂屈伸、哑铃屈臂、篮球等 |
| 运动强度 | 心率 120 ~ 150 次/分钟 |
| 运动时间 | 30 ~ 40 分钟 |
| 运动频率 | 5 ~ 6 次/周 |
| 注意事项 | 胸廓畸形与平时不注意身体姿态有较大关系,所以在日常的坐、立、行中应保持正确的身体姿势 |

★大学生运动保健处方示例(表 5-17)

表 5-17　运动保健处方:减肥与健身

| | |
|---|---|
| 姓名 | 甲 |
| 性别 | 女 |
| 年龄 | 21 岁 |
| 职业 | 学生 |
| 体育爱好 | 跑步 |

续表

| 姓名 | 甲 |
| --- | --- |
| 健康检查 | 良好，身高162厘米，体重62千克，体脂中度超重 |
| 病史 | 无 |
| 运动负荷测定 | 台阶实验，安静脉搏78次/分钟，血压75/115毫米汞柱，肺活量2 805毫升 |
| 体能测定 | 力量——仰卧起坐27个/分钟，耐力——800米跑4分零7秒 |
| 体质评定 | 健康状况：良；体重过重；心肺功能稍差 |
| 运动目的 | 减肥与健身 |
| 运动项目 | 慢跑、健美操、羽毛球、仰卧起坐等 |
| 运动强度 | 循序渐进，逐渐增加运动时间与强度，心率在靶心率范围，即140～170次/分钟 |
| 运动时间 | 12周（减少体重4～5千克），每次30～60分钟 |
| 运动频度 | 4～5次/周 |
| 注意事项 | 合理膳食，控制饮食量，减少糖类、油脂类的摄入，注意蔬菜、水果的摄入量，有疾病时立即停止运动，注意休息 |
| 自我监督 | 心率 |
| 处方者 | 年　月　日 |

# 第四节　体育锻炼与提高身体素质的方法

## 一、体育锻炼

科学的体育锻炼是促进人体健康发展的重要因素，体育锻炼不仅可以增强体质、增进健康，还可以改善和提高下一代人乃至整个中华民族的体质。

体育锻炼是指人们根据自身身体的需要进行的自我选择，运用多种体育手段，结合自然（日光、空气、水）和卫生措施，以发展身体、增进健康、增强体质、调节身心、丰富文化生活和支配余暇时间为目的的体育活动。

体育锻炼是群众性体育活动的主要形式，对促进人的生长发育、培养健美的身体形态、提高机体的工作能力、消除身体与心理疲劳、调节个人的情感、预防与治疗疾病、延年益寿及提高和改善整个民族的体质，都有着至关重要的作用。体育锻炼的特点是群众基础强，影响范围广，不同的年龄、性别、职业和健康状况的人，都可根据自身情况选择适合自己的锻炼内容、方法与形式。锻炼内容可分为娱乐性体育、健身运动、健美运动、格斗性体育、医疗与矫正体育。锻炼方法除体育教学和训练中常用的练习法（如模式训练法、分解训练法、持续训练法、循环训练法等）外，还形成了一些其他健身法（如早操、课间操、库珀12分钟测验等）。

锻炼形式灵活且丰富多样，可以选择一个人锻炼，也可进行集体锻炼。锻炼的内容、方法及整个锻炼过程，都应当遵循身体锻炼的原则，即针对性、因人制宜、循序渐进、持之以恒、适宜负荷等。如果在锻炼中能合理地运用动静结合、内外结合、形神结合等中国传统健身方法，就会有更好的效果。

### （一）体育锻炼的益处

**1. 对身体的益处**

（1）有利于人体骨骼、肌肉的生长，增强心肺功能，改善呼吸系统、血液循环系统、消化系统等的机能状况；有利于提高抵抗疾病的能力，增强有机体的适应能力。

（2）有利于降低儿童及青少年在成年后患病（如高血压、心脏病、糖尿病等）的概率。

（3）体育锻炼是增强体质、增进健康最积极、有效的手段之一。

（4）可以尽可能地减少过早进入衰老期的危险等。

**2. 对心理的益处**

（1）可以调节人体紧张情绪，改善生理和心理状态，恢复体能和精力。

（2）有利于舒展身心，有安眠及消除压力的作用。

（3）有利于保持健康的心态，充分发挥锻炼者个体的积极性、主动性和创造性，提高自信心，树立正确的人生观、价值观与世界观。

（4）参与集体项目的竞赛活动可以培养人的团结、协作、集体主义精神等。

### （二）体育锻炼的注意事项

夏季天气炎热，运动后易出汗，所以在夏天进行体育锻炼时，需要注意以下几个方面。

**1. 不要在日照充足且强烈的地方进行体育锻炼**

夏季时，紫外线强烈，人体皮肤长时间在太阳下暴晒，会被太阳灼伤。此外，紫外线透过皮肤、骨头，会辐射到脑膜与视网膜，会导致大脑和眼球受到损伤。中午时分，气温高、光照充足且强烈。所以，夏季时，不要选择在中午进行锻炼，谨防中暑。

**2. 锻炼时间不宜过长**

每次锻炼时间不宜过长，一般为 20 ~ 30 分钟，避免出太多的汗。另外，体温过高会引起中暑。如果锻炼时间较长，就需要在中途安排 1 ~ 2 次的休息。

**3. 锻炼后不要大量饮水**

夏季锻炼易出汗，如果在运动后大量饮水，就会给血液循环系统、消化系统，尤其是心脏造成巨大的负担。并且大量饮水会造成流更多的汗，这将加大盐分的丢失，会引起肌肉痉挛、抽筋等症状。

**4. 锻炼后不要立即洗冷水澡**

夏季进行体育锻炼，身体产生热量较快，皮肤上的毛细血管会大量扩张以帮助身体散热。如果突然对身体进行较冷的刺激，将导致体表已开放的毛孔突然关闭，造成身体内脏器官的紊乱,大脑对体温的调节就会失常,容易生病。

**5. 锻炼后不要大量吃冷饮**

体育锻炼后,大量的血液会涌向肌肉与体表,消化系统就处于相对贫血的状态。此时大量食用冷饮不仅会降低胃的温度,还会冲淡胃液,导致消化不良或急性胃炎。

**6. 锻炼后不要用体温去烘干衣服**

夏季体育锻炼后会出较多的汗,衣服会被汗液打湿,有些年轻人锻炼后没有更换衣物的习惯,长此以往会引起风湿病或关节炎。

## 二、提高身体素质的方法

身体素质是指人体在肌肉活动中所表现出来的力量、速度、耐力、灵敏及柔韧等机能能力。

### (一)力量素质

力量素质是指人体神经肌肉系统在工作时克服或对抗阻力的能力。

**1. 力量素质的作用**

力量素质是人体进行体育运动的基本素质之一,是获得运动技能和取得优异运动成绩的基础,同时也是其他身体素质发展的重要因素(表5-18)。

**表5-18　力量素质的作用**

| | |
|---|---|
| 力量素质的作用 | 增强肌肉力量 |
| | 提高速度、耐力、爆发力等 |
| | 使得肌肉更发达,改善人体形态 |
| | 调理特定的肌肉,进而获得良好或优异的运动成绩 |
| | 肌肉损伤后的恢复 |
| | 减少(轻)随年龄增加而发生的肌肉损失及基础代谢减慢 |
| | 通过增加肌肉组,进而加快新陈代谢 |

**2. 力量训练的基本方法(表5-19)**

(1)动力性等张收缩训练:指人体相应环节运动,肌肉张力不变,改变长度产生收缩力克服阻力的训练,包括动力性向心克制性工作及动力性离心退让性工作。

(2)静力性等张收缩训练:指在身体固定姿态下,肢体环节固定,肌肉长度不变,改变张力克服阻力的练习方法。

(3)等动收缩训练:需在特制的等动练习器上进行训练。练习时,肢体动作速度保持不变,肌肉始终发挥较大张力完成练习。等动练习有利于最大力量的增长。

(4)超等长收缩训练:练习时肌肉先做离心收缩,然后做向心收缩。利用肌肉的弹性,通过牵张反射,加大肌肉收缩的力量。肌肉被拉长速度的快慢比被拉长的长度更为重要。

(5)循环训练:是发展力量、耐力的训练,可将几个训练手段编组循环进行。

**表 5-19　力量训练的基本方法**

| 训练方法 | 训练内容 |
| --- | --- |
| 动力性等张收缩训练 | 推举杠铃、单杠、深蹲、卧推、硬拉等 |
| 静力性等张收缩训练 | 平板支撑、半屈曲的靠墙站立、悬垂等 |
| 等动收缩训练 | 等动练习器(配合器械) |
| 超等长收缩训练 | 跳深练习 |
| 循环训练 | 将几个训练手段编组循环进行 |

**3. 力量训练的基本要求**

(1)注意不同肌群力量的对应发展。根据训练的需要,在发展大肌肉群和主要肌肉群力量的同时,也要重视小肌肉群、远端肌肉群、深部肌肉群的力量训练。

(2)科学合理地选择训练的手段。根据训练任务的需要,选择正确、有效的训练手段(表 5-20)。

**表 5-20　力量训练的具体手段**

| 训练内容 | 练　习 |
| --- | --- |
| 杠铃 | 负重抗阻练习 |
| 双人推 | 对抗性练习 |
| 拉橡皮筋 | 克服弹性物体练习 |
| 力量健身器 | 利用力量训练器械练习 |
| 沙地跑 | 克服外部环境阻力练习 |
| 引体向上 | 克服自身体重的练习 |
| 电刺激 | — |

(3)处理好负荷与恢复的关系。在每次训练过程中,应循序渐进地提高负荷量;在小周期训练中,各种不同性质的力量训练交替进行;在每组重复练习中,要注意组间休息;力量训练后,要注意肌肉的放松。

(4)注意激发练习的兴趣。爆发力训练对训练者神经系统的兴奋性要求更高。所以,在运动训练中要有意识地提高锻炼者练习的兴趣性与积极性,以求提高力量训练的效果。

**4. 力量素质训练的注意事项**

(1)每次练习前要注意身体姿势,如脚的位置是否正确与合理,骨盆是否稳定等。

(2)如果使用器械,要熟悉所用器材的使用方法,检查器材是否安全。如杠铃缆绳是否磨损,杠铃连接处是否固定好等。

(3)要了解自己的力量极限。锻炼时,应注意合理的负荷与强度。

(4)使用器械练习时,要有专门的人进行保护等。

### (二)速度素质

速度素质是指人体快速运动的能力,包括人体快速完成动作的能力、对外界刺激快速反应的能力和快速位移的能力(表5-21)。

**表5-21　速度素质的种类**

| 种类名称 | 概　念 |
| --- | --- |
| 动作速度 | 人体或人体的某一部分快速完成某一动作的能力 |
| 反应速度 | 人体对各种信号刺激(声、光、触等)快速反应的能力 |
| 移动速度(位移速度) | 人体在特定方向上位移的速度 |

#### 1. 速度素质的作用

速度素质是人体进行体育运动的基本素质之一,速度素质在生活中无处不在,其对人体的作用也是巨大的(表5-22)。

**表5-22　速度素质的作用**

| | |
| --- | --- |
| 速度素质的作用 | 提高神经系统的灵活性 |
| | 提高神经系统的反应能力 |
| | 速度训练可以使机体基础代谢减慢 |
| | 减少随年龄增长而发生的肌肉损失等 |

#### 2. 速度训练的基本方法

(1)提高反应速度训练常用的方法:①信号刺激法;②运动感觉法;③移动目标法(表5-23)。

**表5-23　反应速度训练的方法**

| 内　容 | 训练方法 |
| --- | --- |
| 口哨声 | 信号刺激法 |
| 预测3秒跑 | 运动感觉法 |
| 苹果落地跑 | 移动目标法 |

(2)提高动作速度的常用方法及其原理:①利用外界的助力,控制运动员的动作速度;②减小外界自然条件的阻力;③利用动作加速度或利用器械重量变化而获得的后效作用发展动作速度;④借助信号刺激提高动作速度;⑤缩小完成练习的空间和时间界限(表5-24)。

**表 5-24　动作速度训练的原理**

| 内　容 | 训练原理 |
|---|---|
| 顺风跑 | 减小外界自然条件的阻力 |
| 下坡跑 | 利用动作加速或器械重量变化提高动作速度 |
| 哒哒哒 | 借助信号刺激提高动作速度 |
| 20 米跑 | 缩小完成练习的空间界限 |
| 5 秒跑 | 缩小完成练习的时间界限 |

(3)提高移动速度的常用方法与手段:①每次练习的持续时间不能过长,一般应保持在20 分钟以内;②各种爆发力练习;③高效率的专门性练习;④利用特定的场地、器材进行的加速练习。

**3. 速度训练的基本要求**

(1)速度素质训练应结合体育锻炼者训练的专项运动进行。如短跑训练者应重视反应速度训练,提高他们听觉的反应能力;足球训练者应重视视觉的反应能力。

(2)速度素质训练应在体育锻炼者兴奋性高、情绪饱满、运动欲望强的情况下进行,一般安排在训练课的前半部分。

(3)速度提高到一定程度时,常出现进展停滞、难以提高的现象,这就是我们常说的速度障碍。产生速度障碍的主观原因:①过早地片面发展绝对速度;②基础训练不够;③技术动作不合理;④训练手段单调、片面,不易引起新异刺激;⑤负荷过度、恢复不好。出现速度障碍时,可采用牵引跑、变速跑、下坡跑、带领跑、顺风跑等手段予以克服。

**4. 速度素质训练应注意的问题**

(1)反应速度训练应注意的问题:①在很大程度上,反应速度取决于遗传因素,通过训练可使训练者潜在的反应速度能力表现出来并稳定下来;②要求训练者注意力集中;③在很大程度上,反应速度的提高在于训练者对信号应答反应的动作熟练程度。

(2)动作速度训练应注意的问题:①提高动作速度应和掌握与保持正确的技术动作紧密结合;②专门性的动作速度训练与专项比赛动作要求应一致;③在以反复地做某一个规定动作为手段,发展训练者的动作速度时,应注意合理地变换练习的速度;④在训练与练习中,持续时间一般不宜过长;⑤练习过程中的间歇时间,是由练习强度所决定的。比如,练习强度大,需要的间歇时间就应适当增长。

(3)移动速度训练应注意的问题:①应抓好移动速度的各个环节;②应安排在体力充沛的情况下进行,这样训练才更有效。

## (三)耐力素质

耐力素质是指有机体坚持长时间运动的能力。疲劳是一种生理现象,是有机体自我保护的反映。训练会导致机体疲劳,疲劳的产生则限制有机体继续承受训练负荷。训练者克服疲劳的能力越强,坚持运动的时间就越长,表现出的耐力素质就越高。

**1.耐力素质的作用**

耐力素质是人体进行体育运动的基本素质之一,耐力素质越好,克服疲劳的效果越明显,运动效果就越明显(表5-25)。

**表5-25　耐力素质的作用**

| | |
|---|---|
| 耐力素质的作用 | 增加心血管系统、呼吸系统的功能 |
| | 可以提高肌肉的耐力,使机体可以承受大负荷训练 |
| | 改进输氧系统和能量代谢系统的功能 |

**2.耐力训练的基本方法与手段**

耐力素质可以分为:①有氧耐力;②无氧耐力;③一般耐力;④专项耐力。不同的耐力素质训练方法也有所不同(表5-26)。

**表5-26　耐力素质的分类**

| 名　称 | 概念 |
|---|---|
| 有氧耐力 | 机体在氧气供应比较充足的情况下,能坚持长时间工作的能力 |
| 无氧耐力(速度耐力) | 机体以无氧代谢为主要供能形式,坚持较长时间工作的能力 |
| 一般耐力 | 对提高专项运动成绩起间接作用的基础性耐力 |
| 专项耐力 | 与提高专项运动成绩有直接关系的耐力,具体地讲是指持续完成专项动作或接近比赛动作的耐力 |

(1)有氧耐力训练包括:①持续训练法;②间歇训练法;③循环练习法等。

(2)无氧耐力训练包括:①短时间重复训练法;②高强度间歇训练法;③循环重复训练法等。

(3)一般耐力训练包括:①各种形式的长时间跑;②长时间地进行周期性运动;③长时间做某一非周期性运动;④反复做克服自身体重的练习;⑤坚持较长时间的抗阻力练习等。

(4)专项耐力训练分为:①体能主导类(表5-27);②技能主导类(表5-28)。

**表5-27　体能主导类耐力素质训练**

| 项　群 | 方　法 |
|---|---|
| 快速性力量项群 | 多采用极限负荷下完成比赛动作 |
| 耐力性项群 | 大强度的重复、比赛训练法 |
| 速度性项群 | 重复、比赛训练法 |

表 5-28　技能主导类耐力素质训练

| 项　群 | 方　法 |
|---|---|
| 难美性项群 | 多次重复完整的比赛动作 |
| 对抗性项群 | 安排长时间的专项对抗练习 |

**3. 耐力训练的基本要求**

(1)重视训练者呼吸能力的培养。因为机体是通过提高呼吸频率和加强呼吸深度来获取氧气的,所以耐力训练中要特别注意呼吸问题。

(2)加强意志品质的培养。因为意志坚强者比意志薄弱者耐力表现要好得多,所以意志品质在耐力训练中起到了很重要的作用。

**4. 耐力素质训练应注意的问题**

训练者在进行耐力训练时需要注意:持续时间、间歇时间、练习强度、重复次数、休息方式等,要根据各个不同的训练阶段来安排耐力训练的比重与负荷,注意有氧耐力与无氧耐力相结合,选择有效的训练方法与手段等。

(四)灵敏素质

灵敏素质是指在各种突然变换的条件下,运动员能够迅速、准确地改变身体运动的空间位置与运动方向,以适应变化着的外环境的能力。灵敏素质可分为一般灵敏素质和专门灵敏素质两类。

**1. 灵敏素质的作用**

灵敏素质是人体进行体育运动的基本素质之一,是人体各种运动能力在运动过程中的综合体现(表 5-29)。

表 5-29　灵敏素质的作用

| | |
|---|---|
| 灵敏素质的作用 | 帮助训练者更快、更准确、更协调地掌握技术与练习手段 |
| | 使自身原有的身体素质更加充分、有效地运用到实践中去 |
| | 防止伤害事故的发生等 |

**2. 灵敏训练的基本方法与手段**

(1)让训练者在跑、跳当中准确、协调、迅速地做出各种动作。

(2)让训练者进行各种调整身体方位的练习。

(3)为训练者专门设计一些复杂多变的练习。

(4)为训练者设计各种改变方向的追逐游戏、对各种信号做出复杂应答的游戏等。

**3. 灵敏训练的基本要求**

(1)灵敏素质要从儿童、少年时期开始训练。

(2)灵敏训练在安排上,一般安排在课程的前半部分,要保证训练者体力充沛、精神饱满,采用手段应多样,消除训练者的恐惧心理与紧张状态,从而保证取得良好的训练效果。

**4. 灵敏素质训练应注意的问题**

(1)建立有严格要求的条件反射,进而全面提高灵敏性。要重视学习与掌握各种运动技能。

(2)练习时要有较强烈的欲望与明确的目标追求,减少盲目的重复练习。

(3)灵敏素质训练应在体力较好时进行,每次负荷持续时间不宜过长,练习负荷强度要大,重复次数不宜太多,间歇时间要充分,以不产生疲劳为限度。

(4)人在疲劳时灵敏性会变差,所以要不断提高自己的耐力水平,对保持灵敏性有积极的作用。

(5)儿童、少年时期是发展灵敏素质的关键时期,在发展灵敏素质的同时,应加强心理素质的培养,避免由于紧张与恐惧心理而造成反应迟钝、动作的协调性下降等。

### (五)柔韧素质

柔韧素质是指人体关节在不同方向上的运动能力,以及肌肉、韧带等软组织的伸展能力。柔韧素质分为一般柔韧素质和专门柔韧素质。

**1. 柔韧素质的作用**

如果经常缺少伸展活动,肌肉就会失去柔韧性。比如急需做一特殊动作时,就很难达到要求的动作范围,还可能引起肌肉组织的损伤(表 5-30)。

**表 5-30　柔韧素质的作用**

| | |
|---|---|
| 柔韧素质的作用 | 可以增大肌肉的活动范围 |
| | 有助于提高大幅度动作的速度和力度 |
| | 加强肌群间的协调 |
| | 改善肌肉的放松度,可帮助训练者为采取下一个动作做好心理准备 |
| | 降低运动后肌肉的紧张度,防止发生僵硬(而不是疼痛) |
| | 抵消训练过度可能产生的限制性影响等 |

**2. 柔韧训练的基本方法与手段**

(1)柔韧训练的方法:柔韧训练一般采用拉伸法,分为动力拉伸法与静力拉伸法。这两种拉伸方法又都包含主动拉伸和被动拉伸两种不同的训练方法。

①动力拉伸是有节奏地、通过多次重复同一动作的练习,使软组织逐渐地被拉长的练习方法。

②静力拉伸是先通过动力拉伸缓慢地将肌肉等软组织拉长,当拉伸到一定程度时,要暂时静止不动,使这些软组织得到一个持续被拉长的机会。

在柔韧训练中,经常把动力拉伸与静力拉伸这两种练习方法结合在一起,即拉伸练习时有动有静,动静结合。

(2)柔韧训练的手段:①肩、臂、腿、脚部的手段有压、搬、劈、绷、摆、踢、绕环等方法。②腰部的手段有站立体前屈、俯卧背伸、转体、甩腰绕环等方法。

**3. 柔韧训练的基本要求**

(1)发展柔韧素质应与力量素质相结合,不仅可以避免或消除两者之间的不良转移,而且还有助于柔韧素质与力量素质的协调发展。

(2)柔韧训练与温度、时间有关,当外界温度过高或过低时都会影响肌肉的伸展能力。

(3)柔韧性发展快、见效明显,但是消失得也快,停止训练时间稍长一些就会消失。所以,要保持经常的柔韧训练。

(4)发展柔韧性应采用多种手段。

**4. 柔韧素质训练应注意的问题**

(1)柔韧素质通过训练见效明显,可以获得较好的发展,但停止训练时间稍长一些,消退得也会比较快,所以柔韧素质训练应保持经常性。

(2)柔韧素质与年龄有很大的关系,儿童时期训练效果最好,女生优于男生。在日常练习中应掌握自然规律,不要盲目训练。

(3)在练习中,应注意动力拉伸与静力拉伸、柔韧素质与力量素质相结合。

(4)要注意与相连关节相结合,并采用与专项动作相似的伸展练习。

(5)柔韧素质训练应放在训练课的前半部分进行,要注意训练的安排。在练习之前要做一般性准备活动,使身体充分发热;练习时动作幅度由小到大,速度由慢到快;身体疲劳时不宜做柔韧练习,以免受伤。

# 第六章 运动性损伤

## 第一节 运动性损伤的概述

### 一、概念

运动性损伤是指在体育运动过程中所发生的运动系统的各种创伤。在运动过程中,由于种种不科学、不合理的因素以及意外情况的发生,可能会造成运动系统的直接损伤,同时也可能伴有其他系统的损伤。

### 二、分类

从不同的角度可将运动性损伤分为不同的类型,常见的有以下几种分类。

#### (一)按受伤的组织结构分类

按受伤的组织结构分类,可分为皮肤损伤、肌肉与肌腱损伤、筋膜损伤、韧带损伤、关节软骨损伤、骨骼损伤、滑囊损伤、神经损伤、血管损伤、内脏损伤等。

#### (二)按伤后皮肤或黏膜完整与否分类

开放性损伤和闭合性损伤是运动损伤的两种常见形式。受伤处皮肤或黏膜的完整性遭到破坏,受伤组织有血液或组织液流出就是开放性损伤。受伤处皮肤或黏膜没有破损,如挫伤、关节扭伤等,就是闭合性损伤。

#### (三)按伤后病程时间分类

急性损伤和慢性损伤是常见的两种运动损伤。在一瞬间因直接暴力或间接暴力造成的损伤即为急性损伤。由于局部运动负荷量出现安排不合理,并且长期负担过重以及组织多次微细损伤而形成的损伤即为慢性损伤,如肩袖损伤、髌骨软骨症等。其病情迁延较长,症状出现缓慢。

#### (四)按受伤轻重程度分类

按受伤轻重程度分类可分为轻度损伤、中度损伤、重度损伤。轻度损伤即在受伤后还能进行原计划训练；中度损伤即在受伤后通过医院的治疗在短期内（一般为 1 ~ 2 周的时间内）不能训练，且需要减少受伤部位的运动；重度损伤即需要在医院进行专业的住院治疗且较长时间内不能参加训练和比赛。

## 三、产生原因

### （一）运动性损伤产生的客观因素

**1. 与运动项目中专项技术的特殊要求有关**

从运动技术的角度来看，专项技术对人体的运动轨迹会有一定的特殊要求，这些特殊要求正是造成运动性损伤的原因。针对不同的运动项目，运动员容易受伤的部位不同，比如篮球运动员的膝盖、肩部、踝关节容易受伤，而体操运动员的肩关节、肘关节就比较容易受伤。

**2. 与人体正常解剖结构的薄弱环节有关**

人体是通过肌肉骨骼的特定力学特点构成的，那么在运动中就会有生理上的弱点。骨骼是用来支撑人体结构的，骨骼对外部的撞击抵御能力较弱。有两种情况较容易受伤：一是技术动作错误、不合理；二是不符合人体及机构力学规律，较容易发生急性损伤。

**3. 训练水平不够**

对一般身体训练、意志品质训练、专项技术训练和战略战术训练的培养构成了训练水平。针对力量、速度、耐力和灵敏性的训练构成了一般身体训练。如果某一位运动员专项技术训练不够，动作要领掌握不到位，即容易引起运动性损伤。因意志品质训练及战略战术训练培养不够导致的运动性损伤也较为常见。

**4. 违背科学的训练原则**

全面性原则、系统性原则、专项原则、从实际出发原则、循序渐进原则等是进行体育训练时必须遵守的原则。如果运动员违背科学的训练原则，则会增加造成损伤的风险。

**5. 竞赛和训练组织安排不当**

如果由于某些特殊的原因导致比赛日程安排不当，且运动员的准备活动没有做充分，那么就会很容易导致运动性损伤。如马拉松比赛在天气炎热的时间进行就会增加运动员发生运动损伤的概率。

**6. 服装、保护器具、场地器材、设备和自然环境的影响**

衣着不当可造成损伤。如果穿着便装进行某些需要做大幅度动作的运动，可能会导致不必要的损伤；场地太硬或太软，器械固定不良、质量不好，或器械的大小、重量与运动者的年龄、性别不适合等都会造成运动损伤。

### （二）运动性损伤产生的主观因素

**1. 准备活动不充分**

准备活动就是我们平常说的热身活动，一方面准备活动可以唤醒并提高中枢神经系统的兴奋性，提高机体的代谢水平，升高机体体温，降低肌肉黏滞性，增强心血管系统和呼吸系统的功能，克服内脏器官的生理惰性，增加皮肤的血流量以利于散热。

如果准备活动不充分甚至是没有做准备活动，那么由于神经系统和内脏器官没有充分动员起来，肌肉伸缩能力欠佳，容易引起运动员动作不协调而导致受伤。

**2. 忽视放松活动**

运动结束时，如果只是简单地慢跑一下，忽视了局部的调整运动或单纯依赖沐浴来代替放松活动，则不利于运动器官功能的积极性恢复。由于没有足够和正确的放松活动，运动产生的肌肉僵硬和酸痛等得不到及时的消除，从而逐渐积累而发展成肌肉损伤。这是导致运动性损伤，特别是劳损的一个重要因素。

**3. 状态不良**

过度训练，疲劳未完全消除，或伤病后过早参加训练和比赛，或身体功能和心理状态不良、睡眠和休息不好，使运动员的力量、精确度和协调能力均显著下降。在这种情况下，可能发生运动技术上的错误，引起运动性损伤。此外，随着生理机能的下降，警觉性和注意力减退，机体反应迟钝，也易造成运动性损伤。

## 四、某些运动项目运动性损伤的特点

### （一）篮球运动性损伤的特点

篮球是一种高强度、高对抗的运动，要求运动员全面的体力发展与身体训练。最常见的损伤是急性损伤。另外，在篮球运动中也可发生慢性损伤，其中最影响运动训练与技术发挥的是髌骨软骨病，主要因滑步进攻与防守、急停与踏跳上篮等局部训练过多所致，应引起注意。

篮球运动性损伤大多集中于踝关节、手指关节、膝关节、头面部几个部位。

### （二）健美操运动性损伤的特点

健美操是全身性运动，对身体素质要求较高，其易损伤部位是大腿后侧、膝关节、踝关节、腰背部。一般有氧操常见伤病有肌肉及韧带拉伤、关节扭伤、运动性疲劳、膝盖和髌腱伤、籽骨痛、籽骨炎等。热舞、有氧舞容易受伤的部位是胫骨、脚、背、踝等，最常见的是拉伤或扭伤。

### （三）羽毛球运动性损伤的特点

羽毛球运动要求反应的敏捷性、关节的柔韧性和肌肉的爆发力。相对网球的发力击球动作而言，羽毛球运动的挥拍击球动作更强调肘、腕的发力和灵活性。因此，身体的负担主要集中在肘、腕和腰部的肌肉，肩部、踝部和髋部损伤较少见。

（四）足球运动性损伤的特点

足球运动由于其属于同场对抗性运动且其运动强度较大，故其损伤发生率也比较高。其中以踝关节的扭伤最常见，其次是大腿前后肌肉拉伤，膝关节损伤又次之。其中半月板破裂、髌骨骨折、髌骨软骨病等一旦发生，治疗较困难。

# 第二节　运动性损伤的急救

## 一、急救的概念

急救是由其他人给予受到严重伤害或突然生重病的人的紧急救护。

急救的目的在于抢救生命，减少痛苦，防止伤情加重，预防并发症，正确而迅速地把伤病员转送到医院，为进一步治疗创造条件。

## 二、常见运动性损伤的急救方法

（一）休克的急救

休克是一种急性综合征。在这种状态下，全身有效循环血流量减少，微循环出现障碍，导致重要的生命器官缺血、缺氧，器官需氧量与得氧量失调。

休克可按以下程序进行急救：

（1）让休克者平卧，安静休息，下肢应略抬高，以利于静脉血回流。如呼吸困难，可将头部和躯干抬高一点，以利于呼吸。

（2）保暖防暑，注意通风。在户外可先将患者转移到阴凉通风处，注意给体温过低的休克者盖上被毯保暖，伴发高热的感染性休克者应给予物理降温。

（3）保持呼吸道通畅，维持呼吸功能。可将患者颈部垫高，下颌抬起，使头部最大限度地后仰，同时头偏向一侧，以防呕吐物和分泌物误吸入呼吸道。

（4）意识清醒又无消化道损伤者，酌情给予适当盐水。

（5）可用针刺或其他手法掐按人体急救穴位，如人中、百会、合谷、涌泉等。

（6）对症治疗，如止血、包扎固定、止痛等。创伤性骨折所致的休克患者应给予止痛、骨折固定，烦躁不安者可给予适当的镇静剂，心源性休克者给予吸氧等。

（7）注意患者的运送，并尽快送往有条件的医院抢救。

（二）出血的急救

血液是维持生命的重要物质。当受外伤引起大出血，出血量超过全身血量的1/3时，生命就会有危险。遇到外伤出血的患者,应及时予以止血与包扎。

外伤出血按血管的种类分为动脉出血、静脉出血和毛细血管出血三种。外伤出血的临床表现如下。

(1)动脉出血:出血时呈泉涌、搏动性,如果是大的动脉血管破裂,血液呈喷射状,颜色鲜红,会在短时内造成大量失血,从而危及生命安全。

(2)静脉出血:血液缓缓地不断外流,呈紫红色。

(3)毛细血管出血:血液呈水珠样流出,多能自动凝固止血。

### (三)外出血止血法

常见的外出血止血法有冷敷、加压包扎、加垫屈肢、止血带止血、指压止血、填塞止血等。

(1)冷敷。寒冷能使血管收缩,起到止血作用。对于外伤血肿,立即局部冰敷,可防止血肿进一步扩大。

(2)加压包扎。先用消毒纱布垫覆盖伤口,再用棉花团、纱布卷、毛巾、帽子等折成垫子,放在伤口敷料上面,然后用三角巾或绷带包扎,以达到止血目的。伤口有碎骨存在时,禁用此法。此法用于小动脉、静脉及毛细血管出血。

(3)加垫屈肢。

①前臂或小腿出血,可在肘窝或膝盖窝放纱布、衣服等,屈曲关节,将屈曲的肢体用三角巾或绷带紧紧缠绑起来。

②上臂出血,可在腋窝加垫,使前臂屈曲于胸前,用三角巾或绷带把上臂紧紧固定在胸前。

③大腿出血,在大腿根部加垫,屈曲髋关节和膝关节,用三角巾等将腿紧紧固定在躯干上。

(4)止血带止血法。该法用于四肢较大动脉的出血。止血带效果较好,但一般在用其他方法无效时才使用,因为止血带可能造成肢体缺血残疾,故使用时要特别小心。如果没有止血带,亦可用宽带、三角巾或撕下衣服等代替以备急需。

(5)指压止血法。用手指压迫伤口近心端的浅表动脉,用力将动脉血管压在骨骼上,中断血液流通达到止血的目的,指压止血是较迅速有效的一种临时止血方法,止住出血后,需立即换用其他止血方法。

(6)填塞止血法。用急救包、棉垫或消毒的纱布填塞在伤口内,再用加压包扎法包扎。该法常用于大腿根部、腋窝、肩部、口、鼻、宫腔等部位的出血。

### (四)骨折的急救

骨折通常分为两大类即开放性骨折和闭合性骨折。骨折处有伤口,骨折端与外界连通即为开放性骨折;皮肤软组织相对完整,骨折端没有和外界连通即为闭合性骨折。一旦怀疑有骨折,应尽量避免患处的活动,进行合理的固定和搬运,骨折急救有以下几个原则。

(1)抢救生命。无论骨折与否,如发现伤员心跳、呼吸已经停止或濒于停止,应立即进行胸外心脏按压和人工呼吸等急救措施。

(2)伤口处理。开放性伤口应及时地采取止血措施,同时还应立即用干净的纱布包扎伤口,以防止伤口继续被污染。伤口表面的异物要取掉,外露的骨折端勿推入伤口,更不能将脱落的骨片塞回,以免污染深层组织。有条件者最好用消毒液冲洗伤口后再包扎、固定,暴露伤口应剪开衣服,不能直接脱掉。

(3)简单固定。采用正确固定断肢的方法,可减少伤员的疼痛以及避免二次损伤。急救时的固定要求简单有效。开放性骨折有骨端外露者更不宜复位,而应原位固定。

(4)必要的止痛。一般骨折会带来强烈的疼痛,可能会引起休克,故应及时给予患者止痛药。如果有脑、胸部损伤者注意不要注射吗啡,以免抑制呼吸中枢导致呼吸衰竭。

(5)安全搬运。经以上现场救护后,应将伤员迅速、安全地转运到医院救治。转运途中动作要轻,防止震动和碰坏伤肢。注意保暖和适当地活动。

### (五)关节脱位的急救

因外力或其他原因造成关节各骨的关节面失去正常的对合关系即为关节脱位。通常是因外伤而致关节囊破裂及韧带损伤,使两骨之间的正常解剖关系发生改变。这种脱位也称外伤性关节脱位。完全脱位指的是脱位的关节面彼此完全不相接触,不完全脱位指的是尚有部分接触。

导致关节脱位的原因主要有直接外力和间接外力,间接外力多见。脱位的症状主要是伤后关节畸形、疼痛,无伴发骨折时,局部血肿不明显,在浅表的关节可摸到光滑的关节面,关节活动丧失,有时伴有血管神经损伤。一般发生脱位时,可能突然发出声音。

关节脱位的急救通常按照以下程序进行:

(1)立即制动,避免再度跌倒受伤。可帮助患者坐下或躺下,检查是否有其他损伤,检查脉搏,保持情绪稳定和环境安静,保暖并防止休克。

(2)将患部固定在最合适的位置。

(3)使用冷湿布,不要自行强硬地将脱出的部位整复原状。脱衣时,记得应先从健康的一只手开始;相反,在穿衣服时,应由患部的一侧先穿。

(4)关节脱位有可能会连带骨折,一旦发生应及早接受医生的治疗,整复原状。

### (六)心肺复苏

心肺复苏是针对呼吸、心跳停止的急症危重患者所采取的关键抢救措施,当人体受到意外的严重损伤时,可能导致呼吸和心跳骤然停止,此时如不及时抢救,伤员就会有生命危险。

## 三、急救包扎法

包扎是外伤现场应急处理的重要措施之一。及时正确的包扎,可以达到压迫止血、减少感染、保护伤口、减少疼痛、固定敷料和夹板等目的。相反,错误的包扎可致出血增加、感染加重,造成新的伤害、遗留后遗症等不良后果。绷带包扎要从伤部远端开始,包扎结束时,绷带末端要用胶布黏合固定或将绷带末端纵向剪为两半,纵向剪开缚结固定,但缚结不要在伤口处。

### (一)绷带包扎法

根据包扎部位的形态特点,采用不同的包扎方法。

(1)环形包扎法:用于包扎肢体粗细均匀的部位,如手腕、小腿下部和额部等,也是其他包扎法开始或结束时使用的手法。包扎时,先张开绷卷带,把带头斜放在伤肢上并用拇指压住,将卷带绕肢体一圈后,再将带头的一个小角反折,然后继续绕圈包扎,每圈都盖住第一圈,包扎3~4圈即可。

(2)螺旋形包扎法:用于包扎肢体粗细相差不大的部位,如上臂、大腿下部等。包扎时先做2~3圈环形包扎,然后将绷带向上斜形缠绕,每圈都盖住前一圈的1/3~1/2。

(3)反折螺旋形包扎法:用于包扎肢体粗细相差较大的部位,如前臂、小腿、大腿等。包扎时,先做2~3圈环形包扎,然后用左拇指压住绷带上缘,将绷带向下反折,向后绕并拉紧绷带,每圈反折1次,后一圈压住前一圈的1/3~1/2。反折处不要在创口或骨突上。

(4)"8"字形包扎法:多用于包扎肘、膝、踝等关节处。方法有二:一是先在关节处环形包扎几圈,然后将绷带斜形缠绕,一圈在关节上方缠绕,一圈在关节下方缠绕,两圈在关节凹面相交,反复进行,逐渐离开关节,每圈压住前一圈的1/3~1/2,最后在关节上方或下方以环形包扎结束;二是先在关节下方环形包扎几圈后,将绷带由下而上,再由上而下地来回做"8"字形缠绕,使相交处逐渐靠拢关节,最后以环形包扎结束。

### (二)三角巾包扎法

三角巾应用方便,适用于全身各部位的包扎。这里只介绍手、足和头部包扎法。

(1)手部包扎法:三角巾平铺,手指对向顶角,将手平放在三角巾的中央,底边横放于腕部。先将三角巾顶角向下反折,再将三角巾两底角向手腕背部交叉绕一圈,在腕背打结。

(2)足部包扎法:与手部包扎法基本相同。

(3)头部包扎法:三角巾底边置于前额,顶角在后,将底边从前颚绕至头后,压住顶角并打结。若底边较长,可在枕后交叉后再绕至前颚打结。最后把顶角拉紧并向上翻转固定。

### (三)前臂悬挂法

此法分大、小悬臂带两种。

(1)大悬臂带:常用于除锁骨和肱骨骨折以外的其他上肢损伤。将三角巾的顶角置于伤肢的肘后,一底角拉向健侧肩上,伤肢屈肘90°,前臂放在三角巾的中央,再将三角巾的另一底角向上翻折并包住前臂,两底角在颈后打结,最后拉直顶角并向前折回,用胶布粘贴固定。

(2)小悬臂带:常用于肱骨或锁骨骨折。先将三角巾折叠成约四指宽的宽带,也可用宽绷带或软布带代替。将宽带的中间置于前臂的下1/3处,屈肘90°,宽带的两端在颈后打结。

## 第三节　运动性损伤的一般处理方法

无论何种运动性损伤,都要进行有针对性的处理,需要用西医药物、手术等进行治疗。

我国传统中医学的治疗也是相当重要且疗效显著的手段。本节将常见的药物治疗和物理治疗的处理方法汇总,概括性地阐述一些一般性处理方法。

## 一、药物治疗

药物治疗指将一切有治疗或预防作用的物质作用于机体,使疾病好转或痊愈,保持身体健康。通常分为西药和中药两种治疗方法。

### (一)西药治疗

常用药物有红药水、紫药水、碘酒、酒精、0.9%氯化钠注射液(生理盐水)、过氧化氢溶液、消毒液、抗生素药膏、松节油、樟脑油等,用于开放性损伤的治疗。注射常用药物有一定剂量的盐酸普鲁卡因、肾上腺皮质激素类药,用于闭合性损伤或手术治疗;常用的口服西药主要是一些解热镇痛药,如复方阿司匹林、酮洛芬、对乙酰氨基酚、布洛芬等。

### (二)中药治疗

中药是指在中国传统医术指导下应用的药物,均有较为固定的药物配方,有内服和外敷之分。中药常用于软组织损伤,主要是闭合性的肌肉、韧带、关节囊的损伤等。由于损伤不同时期局部的病理变化不同,其用药也不相同。

**1. 急性损伤**

在损伤后24小时内,局部的主要病理变化为组织撕裂或断裂,小血管破裂出血,外部表现为肿胀、疼痛、功能障碍等。此时除了进行局部冷敷、加压包扎、抬高患肢等急救处理外,还可酌情用中药进行治疗,达到"止血、凉血、止痛"的目的。

**2. 慢性损伤**

慢性损伤包括慢性劳损和陈旧性损伤。慢性劳损多因局部长期劳累过度或肌纤维多次微细损伤积累而成,一般与职业性质和运动项目有关;陈旧性损伤是指急性损伤未能及时和正确的治疗,或未治愈又再次受伤,由于受伤组织未能及时重新生长修复或修复不良,会反复发病出现症状,如疼痛、酸胀、组织僵硬、活动受限等。根据不同时期的病变特点,常选用旧伤药,具有舒筋、消肿止痛、续断生新的疗效。另外,"续筋接骨"的中药对关节脱位、骨折也有一定的疗效。

## 二、物理治疗

物理治疗简称"理疗",是应用天然或人工的物理因素作用于人体以进行治疗、预防、保健和康复的方法。常见且适用于运动性损伤的物理治疗方法有以下几种。

### (一)冷疗法

冷疗法指运用比人体温度低的物理分子(如冷水、冰、蒸发冷冻剂等)刺激来进行治疗的一种物理疗法。

**1. 作用**

冷疗法通过降低组织温度，使周围血管收缩，减少局部血流量及伤部血液渗出，降低神经传导速度，故有止血、退热、止痛和消肿的作用。在进行冷疗的过程中，局部可能有感到寒冷、疼痛减轻和麻木等情况。

**2. 方法**

将毛巾用1～15摄氏度冷水浸透后敷在伤部，约2分钟换1次或将冰块装入袋内进行外敷，每次20分钟左右。

**3. 适应证**

冷疗法主要用于急性闭合性组织损伤的早期，即在损伤后24～72小时内使用。

**4. 注意事项**

冷疗法应在伤后尽快使用，越早越好；需要严格控制治疗时间，并注意观察受伤部位的情况，如患者感到皮肤麻木，应停止使用，防止组织冻伤。

### （二）热疗法

热疗法指运用比人体温度高的物理分子（如传导热、辐射热等）刺激来进行治疗的一种物理疗法。

**1. 作用**

热疗法可使局部血管扩张，加快血液循环和淋巴循环，加强新陈代谢，提高组织兴奋性，缓解肌痉挛，促进淤血和渗出液的吸收，加速坏死组织的消除，因而有消肿、止痛、散瘀、减少粘连和促进损伤愈合的作用。

**2. 方法**

最简便易行的热疗法是热敷。将毛巾用热水或热醋浸透置于伤部，无热感时更换，每次约半小时，每天1～2次。

**3. 适应证**

热疗法适用于急性闭合性软组织损伤的中后期（视病情而定，一般在损伤发生24～72小时内）以及慢性损伤。

**4. 注意事项**

注意避免发生烫伤，如有皮肤过敏，应停止治疗。高热、恶性肿瘤、严重的感染性疾病、有出血倾向者及急性软组织损伤的早期，禁止使用热疗法。

### （三）手法治疗

手法治疗指通过各种徒手力量或借助简单器械作用于人体的局部，达到预防和治疗疾病目的的方法。运动性损伤的治疗一般以中医推拿按摩手法治疗为主。

手法治疗是一项适宜大众的、效果较好的治疗运动性损伤的方法，适用于急性闭合性损伤中后期、慢性损伤，特别是劳损。

# 第四节　常见的运动性损伤

## 一、开放性软组织损伤

### （一）擦伤

擦伤是普通人群在运动中最容易发生的损伤之一。它是指身体与粗糙物体相互摩擦所引起的皮肤表层的损伤。擦伤时皮肤表层剥脱，创面见点状渗血、渗液。若身体某部位在裸露的情况下被不洁的物体擦伤，伤口处还可能粘附有灰沙、泥土等不洁物，易发生感染。感染的伤口创面可见脓性分泌物，或形成肤痂覆盖在创面上。

### （二）撕裂伤

撕裂伤一般为人体遭受钝性暴力的打击引起皮肤和皮下软组织撕裂性损伤。其特点是伤口边缘不整齐，组织损伤广泛，常有不同程度的污染和出血。一般处理方法为：撕裂伤口较小时，经止血、消毒处理后，可用粘膏黏合；伤口较大时则需缝合，必要时要使用抗生素治疗。

### （三）刺伤和切伤

刺伤即为尖锐、长细的物品刺入人体所致的皮肤、皮下及深部组织器官的损伤。其特点是伤口小，创道深，创底常有污染。切伤是指锐器切入皮肤所致的皮肤及皮下组织等的损伤，其特点为伤口边缘整齐，多为直线，出血较多，但周围组织损伤较轻，深的切伤可切断大血管、神经、肌腱等组织。其处理方法基本上与撕裂伤相同。

## 二、闭合性软组织损伤

### （一）种类

软组织损伤是指各种急性外伤或慢性劳损以及自身疾病等原因造成的人体的皮肤、皮下浅深筋膜、肌肉等组织的病理损害。常见的闭合性软组织损伤的种类有如下几种。

**1. 挫伤**

挫伤是指钝力直接作用于身体某部所致，如运动中相互冲撞、踢打。轻者仅是皮下组织、肌肉、韧带等损伤，重者常因某些器官的损伤而合并休克。

**2. 肌肉、肌腱拉伤**

由于肌肉主动收缩，其收缩力超过了肌肉本身所承担的能力，或肌肉受到被动牵拉，超过了肌肉自身特有的伸展程度，均可引起肌肉拉伤。拉伤可发生在肌腹、肌腱交界处、肌腱在骨的附着处。由于致伤力的大小和作用性质不同，可引起肌肉、肌腱部分纤维断裂、完全断裂和微细损伤的积累。除肌肉本身的拉伤外，常可同时合并肌肉周围的辅助结构，如筋膜、腱鞘和滑囊的损伤。

**3. 关节韧带扭伤**

关节韧带扭伤由间接外力所致，即在外力作用下，使关节发生超常范围的活动。轻则发生韧带部分纤维的断裂，重则韧带纤维完全断裂，引起关节半脱位或完全脱位，同时可合并关节囊滑膜和软骨损伤，甚至有造成撕脱性骨折的可能。

**4. 滑囊炎**

滑囊是结缔组织构成的密封小囊，囊内有少量滑液，多位于关节附近，介于肌肉或肌腱附着处与骨隆起之间，可以减轻肌肉、肌腱与骨之间的摩擦。外力的直接撞击，使囊壁受到损伤而发生急性滑囊炎，或因局部活动过多，囊壁受到反复磨损而发生慢性损伤。

**5. 腱鞘炎**

腱鞘是两层纤维膜构成的长形密封小管，套在肌腱周围。腱鞘的内层覆盖在肌腱的表面，外层附在周围的韧带及骨面上，两层之间有少量滑液，可以减少肌腱活动时与周围结构间的摩擦。肌肉反复收缩，肌腱与腱鞘不断摩擦，引起腱鞘的创伤性炎症。由于局部鞘管壁增厚，管腔变窄，有时肌腱呈梭形膨大，因此当肌腱通过狭窄处时即发生弹响或交锁现象，称为狭窄性腱鞘。

### （二）急性闭合性软组织损伤的处理原则

急性损伤是指一次暴力导致的损伤，一般患者可清楚地描述受伤的时间、地点、部位和动作等特征。其治疗分为早期、中期和晚期。

**1. 早期处理原则和方法**

早期一般指伤后 24～48 小时内。临床特征以组织损伤、出血、渗出、疼痛、功能障碍等为主。处理原则为“RICE”原则。它将制动、止血、防肿、镇痛和减轻炎症的方法以四个具体的、连续的环节表达出来，以每一环节的名词中的首字母连起来作为此原则的名称，这是非常必要且简单易行的急性闭合性软组织损伤早期的处理手段。

“RICE”原则中，R 指的是“Rest”，即休息，局部制动的意思。伤后立即停止运动，排除可能造成二次伤害的因素，让受伤部位在放松位静止不动。运动终止后的制动可以控制肿胀和炎症，把出血控制在最小限度。这样既可减少局部组织出血和水肿，又可减轻疼痛。

I 是“Ice”的缩写，指的是冷疗。如前面所述，冷疗可限制出血和减少渗出，同时降低局部组织代谢，有明显的止痛作用；减少酶的活性和机体组织坏死的产生，对受伤后 4～6 小时内所产生的肿胀有较好的控制作用；使血液的黏稠度增加，毛细血管的通透性变小，限制流向患部的血流量。如果高校大学生突然遇到急性闭合性软组织损伤需要冷敷时，可直接就近将患部用自来水冲洗 10 分钟以上或用塑料袋装自来水浸泡患部。

C 指的是“Compression”，即加压包扎之意。加压包扎可使患部内出血及瘀血现象减轻，防止炎症渗出液渗到组织内部，并能促进其吸收。加压包扎有很多方法，可以把浸过水的弹力绷带放进冷冻室,这样可同时起到冷敷和加压的作用,还可以使用毛巾及海绵橡胶做的垫子来进行加压包扎。例如,踝关节扭伤时,可以用"U"形海绵橡胶垫套在踝关节上,然后用胶布或弹力绷带固定,以防止和减轻踝关节周围的水肿。相比冷敷的间断性,加压在较长一段时间内可以连续使用。

E 指的是"Elevation",即抬高患肢,要求把患部抬高到比心脏高的位置。此法对减轻内出血非常有用,可以减轻通向损伤部位的血液及体液的压力,以促进静脉回流,患部的肿胀及瘀血也得以相应减轻。

**2. 中期处理原则和方法**

中期主要是指受伤 24 ~48 小时以后。此期病理变化和修复过程的主要特点是出血停止,局部有瘀血、肿胀,肉芽组织已经形成,凝块正在被吸收,坏死组织逐渐被清除,组织正在修复,瘢痕形成。

处理原则主要是改善血液循环和淋巴循环,促进组织的新陈代谢,加速瘀血和渗出液的吸收及坏死组织的清除,散瘀消肿,加速组织修复,防止粘连形成。治疗方法有理疗、按摩、针灸、药物痛点注射,以及外贴活血膏或外敷活血、化瘀、生新的中药等,也可选用几种方法进行综合治疗。热疗和按摩在此期的治疗中非常重要,但是按摩力度宜轻不宜重,可选用轻刺激的手法由损伤周围向损伤局部按摩。

**3. 晚期处理原则和方法**

晚期肿胀和压痛已经消失,损伤组织已基本修复,但可能有瘢痕和粘连,患部的功能尚未完全恢复,锻炼时感到微痛、酸胀和无力,个别严重者出现伤部僵硬或运动功能受限等,该期的处理原则是恢复和增强肌肉、关节的功能。若有瘢痕和粘连,应设法软化或分离,以促进功能的恢复。治疗方法以按摩、理疗和功能锻炼为主,配合支持绷带固定及中药熏洗等。

### (三)慢性闭合性软组织损伤的处理原则

慢性损伤可因急性损伤处理不当或运动过早转变而来,或因长期局部负荷过度,由微细损伤积累引起劳损。处理原则主要是减轻患部肢体负担,改善伤部的血液循环和新陈代谢。慢性损伤的病理变化主要为变性和增生,由于局部代谢障碍而引起组织形态和功能的改变。主要表现为局部酸痛、无力、活动受限、发凉等,具有反复发作的特点。运动疗法和训练需合理安排局部负荷量,处理办法与急性损伤后期的处理方法基本一致,但应特别注意功能锻炼和力量锻炼。

# 第七章　高等学校体育

## 第一节　高等学校体育的地位与作用

高等学校的根本任务是为国家培养德、智、体、美全面发展的建设人才，并肩负着培养高级专门人才和发展科学技术的重大任务。大学生的身体健康、思想道德以及科学文化水平，影响着社会主义现代化的进程，而且在很大程度上决定着我们民族的基本素养。中华民族的伟大复兴，国家的繁荣昌盛，我国的社会主义现代化建设，都迫切需要一大批德、智、体、美全面发展，富有创新意识和拼搏精神的高素质建设者和接班人。

### 一、高等学校体育的地位

高等学校体育是我国高等教育的重要组成部分，不仅是我国社会主义建设中的一项重要事业，还是发展我国体育事业，丰富高校课余文化生活，建设社会主义精神文明的需要。

#### （一）高等学校体育是我国培养身心健康发展的高级专门人才的需要

《中华人民共和国高等教育法》指出，高等教育必须贯彻国家的教育方针，为社会主义现代化建设服务、为人民服务，与生产劳动和社会实践相结合，使受教育者成为德、智、体、美等方面全面发展的社会主义事业的建设者和接班人。

学校的根本任务是培养身心全面发展的人才，以适应社会发展的需要。在我国，党和政府要求学校应面向现代化、面向世界、面向未来，认真贯彻德、智、体、美等全面发展的方针，使学生身心健康发展，成为社会主义现代化事业的建设者和接班人。

无论是培养高级专门人才，还是发展科学文化技术，都集中反映出对人才规格的要求，必须是德、智、体、美等全面发展，不能只是片面发展，这样才能担负起这个重大使命。因此，高校应正确认识并处理德、智、体、美等的辩证关系，确立体育在高校教育中的地位，把培养合格的高级专门人才的目标与高校体育紧紧相连，并采取有力的措施，全面完成高校体育与健康的各项工作。

现代社会，随着科学技术的突飞猛进，社会生产力的高度发展，人类逐渐开始关注人的素质以及人的全面发展的问题。随着社会的不断发展，对人们的健康与体质也有了新的更高的要求，以适应在高强度、高速度、高度紧张的环境下生活和工作。体育的社会价值和地位也日益提高，已成为当今社会中不可缺少的组成部分。我国正在实现社会主义现代化建设的宏伟任务，为了适应我国经济腾飞和社会发展的需要，必须大规模地培养一批能够合格的、能够坚持社会主义方向的各级各类的人才。这一大批人才,都应是有理想、有道德、有文化、守纪律、身体健康、为建设中国特色的社会主义事业而献身的人才。高等教育担负着艰巨而光荣的任务,作为高等教育重要组成部分的高校体育,必须与德育、智育紧密配合,为培养新世纪合格人才做出积极的贡献。

(二)高等学校体育是国民体育的基础,是发展我国体育事业的需要

学校体育是国民体育的基础,搞好学校体育不仅是学校教育的需要,也是我国体育事业发展的需要。大学生的身心发展日趋成熟,但从生长发展全过程来讲,仍处在不断发展与完善之中。因此,高校体育对大学生身心发展,乃至提高全民族身体素质都有着极其深远的意义。中华人民共和国成立以来,我国大学生的体质健康水平有了很大的提高,但由于种种原因,目前我国大学生的体质健康水平相较于世界发达国家来说尚存在一定的差距。例如,我国大学生各年龄组的身高、体重、肺活量等各项指标与日本相比,除 22 岁年龄组女生的身高略高于日本外,其余指标均低于日本。而我国大学生除男生立定跳远(爆发力)的水平略高外,其他所有的指标也均低于日本。此外,一些常见的病例在我国大学生中也占有相当大的比例,如视力不良、神经衰弱、身体肥胖、心血管疾病等,有的甚至严重影响大学生的身心健康。为此,必须高度重视高校体育与健康,进一步搞好高校体育工作,努力完善高校体育条件,促使高校体育各项任务的全面完成。

高等学校体育是培养我国体育后备人才,提高竞技水平的重要源泉,尤其是当代竞技体育发展,要求贯彻科学训练与比赛的原则,运动员必须具备良好的体能和智能,才能不断完善运动技术水平。大学生拥有很好的适应性,在体能和智能上都具备较大的优势,能为我国竞技体育的发展做出一定的贡献。因此,《学校体育工作条例》规定,学校应当在体育课教学和课外体育活动的基础上,开展各种形式的课余体育训练,提高学生的运动技术水平。学校课余体育训练是基础训练的一种组织形式,也是培养体育优秀后备人才的必经之路。大学生参与各种训练,形成良好的体育习惯,掌握相关的体育知识与技能,提高自身运动能力,是推动高校群众性体育活动的需要,也是推动我国体育事业发展的需要。

(三)高等学校体育是丰富大学生课余文化生活,建设校园社会主义精神文明的需要

大学生在紧张的学习生活中,需要健康、文明、和谐的课余文化生活,以适应大学生身心健康发展的要求。体育活动能使大学校园充满生机与活力,并以其丰富多彩、形式多样的内容,吸引广大学生参与其中。它不仅可以丰富大学生的课余文化生活,也可以促进校园社会主义精神文明建设。

体育作为社会主义精神文明建设的重要手段,既是文化建设的重要内容,也是思想建设的重要手段。通过大学生对体育活动的参与和观赏,有利于发展大学生的体能和智能;培养大学生勇敢、顽强、坚毅等思想品质,树立正确的审美观;培养大学生的集体主义精神、进取精神和爱国主义思想。对此,我们必须正确认识校园体育活动的重要性,并予以足够的重视。

综上所述,可以看出体育在高等教育中体现出了至关重要的地位。它关系到大学生的

体能、智力发展和整体素质水平的提高，关系到大学生在校期间的学习和毕业后的工作与生活，关系到我国全民健身计划的实施和全民族身体素质的提高，关系到我国社会主义物质文明和精神文明建设，是高校不容忽视的一项重要工作。

### 二、高等学校体育的作用

教育是培养和输送人才的摇篮，也是提高中华民族科学文化素质、向现代化建设提供人力资源支持的奠基工程。目前，我国社会主义经济体制的建立和现代化建设的推进，对劳动者和专门人才素质的要求也将迅速提高。我国要想在激烈的国际竞争中处于主动地位，就必须重视人才的综合素质培养。这些人才不仅要有坚定的社会主义信念，良好的思想道德品质，掌握现代科学知识，还必须拥有强健的体魄和良好的心理素质，才能在激烈的竞争中脱颖而出，为祖国的现代化建设贡献自己更多的力量。

具体来说，体育对人才培养的作用体现在以下几个方面：

(1)通过科学的体育锻炼，可以逐步改善人体的生理机能，提高身体各方面的素质，使身体形态、机能、心理健康水平等素质得到全面、均衡的协调发展。在身体健康的情况下，才能以充沛的精力投入到学习和工作中，也才能在激烈的社会竞争甚至艰难的环境中求得奋进和发展。

(2)通过参加各种体育活动，加强了人与自然的接触，也加强了人与人之间的相互交流，使我们开拓视野、增长知识、增进交流、放松身心，并提高适应环境和社交的能力。

(3)体育锻炼中，人们为了达到某一目标，往往要克服心理、生理和环境的一部分障碍和困难，不断地挑战自我、战胜自我。比如，攀登险峻的山峰，长距离的越野障碍跑、冬泳等，都会使人产生一种畏难情绪，对自身的生理及心理造成不小的压力。当面对这些困难的挑战时，就是磨炼意志品质，培养自信心理和完善人格的过程，战胜这些困难有利于培养我们吃苦耐劳、自强不息、敢于拼搏和遇难不怯的精神品质，为今后会遇到的各种挑战打下坚实的基础。

(4)通过体育教育，使人们了解和掌握体育基本知识以及科学的训练方法，培养人们的体育意识，提高参与体育活动的兴趣，养成锻炼的习惯和良好的生活方式，拥有科学的体育锻炼方法，使体育成为日常生活的重要组成部分。

## 第二节　高等学校体育的任务与目的

根据我国社会主义事业对当代大学生身心发展的要求，我国大学体育的培养目的是：使学生了解和掌握体育与健康的基本知识；培养学生终身体育意识和体育能力；养成良好的体育锻炼习惯，增进学生的身心健康；形成体育生活方式和科学的体育素养，使之成为有理想、有道德、有纪律、有文化的专门建设人才。

## 一、高等学校体育的基本任务

### （一）增强体质，提高学生身心健康水平

高等学校体育的首要任务，就是要增强学生体质，提高全体学生的身心健康水平。这是时代所赋予学校体育的重要使命，也是我国社会主义现代化建设事业对大学生身心发展的基本要求。大学生在校学习生活时期正是身体生长发育的高峰时期。据资料表明，人进入17岁时，身体的发展已达成年的80%以上，男女生也表现出了明显的差异，所以要根据大学生的生理以及心理的特点，有组织、有计划地开展体育教学和课外活动。《中共中央国务院关于深化教育改革，全面推进素质教育的决定》中指出："健康体魄是青少年为祖国和人民服务的基本前提，是中华民族旺盛生命力的体现。学校教育要树立健康第一的指导思想，切实加强体育工作，使学生掌握基本的运动技能，养成坚持锻炼身体的良好习惯。"这是党和政府在新的历史条件下为学校提出的极其重要的指导思想，对我国的教育改革具有重大的现实意义和深远的历史意义，其根本目的在于提高全民族的综合素质，增强我国的综合国力和在国际上的竞争力。

大学生是中华民族伟大复兴的希望，是国家建设的中坚力量。不过在体质健康方面仍存在不少问题，例如与健康密切相关并反映心肺功能水平的耐力素质、呼吸功能（肺活量）普遍下降，以及营养不良、神经衰弱、心理承受力不足，甚至存在心理障碍和心理疾病等问题。这与整个教育事业的发展，以及素质教育的要求有较大的差距。因此，不遗余力地增强学生体质、努力提高全体学生的身心健康水平，是历史赋予高等学校体育的一项重要任务。

### （二）培养终身体育意识和体育能力

高等学校体育要培养学生的体育意识，形成终身体育思想，增强学生的体育兴趣，提高学生的体育能力。《体育运动国际宪章》中明确指出，体育运动是全面教育体制内一种必要的终身教育因素，必须由一项全球性的、民主化的终身教育制度来保证体育活动与运动实践得以贯彻于每个人的一生。法国著名教育家保罗·朗格朗在其《终身教育引论》一书中指出，如果将学校体育的作用看成是无足轻重的事，不重视学校体育，那么，学生进入成年阶段后，体育活动就不存在了。如果把体育只看成学校这一阶段的事，那么，体育在教育中也就变成了"插曲"。因此，大学体育不仅是在校期间的阶段性教育活动，而且要使学生在学期间所受的体育教育受益终身，并且成为生活中不可或缺的部分。然而，当前我国学校体育教育的效果不容乐观。有关调查资料表明，目前在校大学生的体育意识和健康意识总体比较淡薄，能自觉参加体育锻炼的人数比例很低，越是高年级的学生越不锻炼身体。大学生走上工作岗位后，大多数人都因工作、环境、生活等原因，逐渐与体育"绝缘"，由此导致了社会上知识分子的体质健康水平下降，死亡的平均年龄大大降低，这与人们的体育意识淡薄、健康与保健意识不足也有一定的关系，而且也给国家、社会和家庭造成了不可弥补的损失。

因此，要重视学生体育与健身意识的培养，提高体育兴趣和健身习惯，并在体育教材的内容、形式、手段和要求上与体育教育的目标保持高度一致。同时，还要使学生掌握体育与

健康的基本知识、技术和技能，掌握科学锻炼身体和保养身体的方法，科学地进行身体锻炼，为终身体育奠定良好的基础。

（三）培养良好的思想道德和意志品质

加强学校体育中对学生进行道德品质的教育和培养，就是培养和造就一大批政治过硬，品质优良，具有扎实的科学文化知识和能力，具备强健体魄的全面建设人才。高等学校体育通过体育课、课外活动、运动训练、竞赛交流等特殊的教育形式，在培养学生的健康意识、塑造学生强健体魄的同时，对学生进行爱国主义、集体主义、社会主义理想信念教育，中华民族优秀文化传统教育，革命传统及遵纪守法、社会公德教育。在体育实践中培养学生吃苦耐劳、艰苦奋斗、拼搏进取、自强不息的精神，以及尊师爱友、团结协作、礼贤互让、豁达大度的道德品质。

体育在培养人的道德与意志品质方面，具有鲜明的特点和显著的作用。体育主要是以自身练习为手段，通过身心的参与来实现。在体育运动过程中，既能感受到大自然清新的空气、阳光和美景，同时也要经受风吹、日晒、雨淋等考验；从事各项运动，既能体验运动给身心带来的愉悦，也要承受一定的生理和心理负荷，如肌肉酸痛、身心疲乏等反应；为了提高运动水平，要进行艰苦的体能与技战术训练，并克服种种困难；参加比赛时，必须全力以赴，协同配合，最大限度地发挥自身的优势，使智、艺、技、勇在激烈的对抗中得到发挥和锻炼。因此，通过体育教育培养学生良好的思想道德作风和顽强的意志品质，在知、情、意、行诸方面都有更高层次的追求，从而自觉确立文明、科学、健康的生活方式，促使自己在德、智、体、美诸方面都得到全面的发展。

（四）提高运动技术水平，培养高水平体育人才

高等学校是培养人才的基地，也包括体育人才的培养。高等学校大力发展体育，通过体育又可以促进和提高学校的办学效率。许多有识之士认为，高等学校是培养"智能型"体育尖子最肥沃的土壤。高校应该拥有自身的高水平运动队（员），并努力提高运动技术水平，为国家培养能参与世界竞技体育的高水平体育人才。

原美国加州大学校长田长霖博士认为，对发展学校最有影响力的是学生运动队。大力发展和提高学生的运动水平乃是学校整体教育的一个重要组成部分。因此，高校体育的任务之一，就是在广泛开展群众性体育活动的基础上，依靠高校特有的人才优势和科技优势建设好运动队，为国家培养高素质、高水平的体育人才。

## 二、实现高等学校体育目的的基本要求

我国高校体育在培养德、智、体、美等全面发展的社会主义现代化事业的建设者和接班人的工作中已做出了巨大贡献。在改革开放的新的历史时期，为了使高校体育更好地为经济建设服务，深化高校体育改革已势在必行。1999 年《中共中央国务院关于深化教育改革全面推进素质教育的决定》中明确指出：健康体魄是青少年为祖国和人民服务的基本前提，是中华民族旺盛生命力的体现。学校教育要树立健康第一的指导思想，切实加强体育工作，

使学生掌握基本的运动技能，养成坚持锻炼身体的良好习惯。确保学生体育课程和课外体育活动时间，不准挤占体育活动时间和场所。举办各种各样的群众性体育活动，培养学生的竞争意识、合作精神和坚强毅力，这标志着我国学校体育工作已经进入新的时期，并促使高校体育更加规范化、制度化。为了全面完成高校体育的各项任务，实现高校体育的目的，高校应该结合本校实际，认真贯彻，不断深化高校体育改革，努力达到以下几点基本要求。

(一)全面贯彻党的教育方针，摆正高校体育的位置

体育是党的教育方针的重要组成部分，也是高等教育的重要组成之一，必须给予足够的重视，摆正它应有的位置。实践证明，要想高校体育活动广泛地开展，需端正高校体育工作的指导思想，摆正高校体育在学校课程里的地位，才能让大学生在校园里身心健康的学习和生活，使得校园充满生机。但由于传统观念等因素的影响，还存在忽视体育的种种倾向，以至于高校体育未能摆在应有的位置，措施不力，效果不好，严重地影响了高校教育的质量。因此，必须转变观念，进一步端正办学思想，采取得力的措施，保证全面贯彻党的教育方针，切实开展和做好高校体育与健康工作，促进大学生德、智、体、美等全面发展。

(二)面向全体大学生，全面开展高校体育工作

为了实现高校体育的目的，高校应面向全体大学生，动员和组织大学生自觉地参加体育课及各种体育活动，并建立相应的规章制度，借以提供各种保证。体育与健康课教学是基本组织形式，必须按规定开课，改革教材教法，努力提高教学质量。由于高校体育工作的复杂性，必须课内外结合，普及与提高结合，训练与竞赛结合，开展多种多样的体育活动，以保证大学生每天一小时的体育活动时间。

影响学生身心健康发展的因素是多方面的，因此，高校体育与健康课要与大学生正当的社会活动、合理的作息制度、适宜的学习负担和营养、卫生条件等有机地结合，使高校体育工作与其他工作协调发展。并且加强体育与健康的宣传，以及在体育实践中传播体育与保健的知识，使大学生不断增强体育意识，自觉地参与体育活动。

(三)加强科学研究，不断改革高校体育

高校体育必须坚持改革，在改革中发展，并不断提高高校体育的质量。必须重视体育科学研究，充分利用高校自身的优势与条件，有组织、有计划、有目的地开展体育科学研究。目前要特别重视研究改革中的新动向、新问题，使科研的成果直接与改革中的问题相联系，并为深化改革高校体育服务。在内容上，要与高校教育改革挂钩，加强体育过程中教育思想、教育内容、教育方法的研究，不断探索我国高校体育与健康规律，按照我国社会主义特色来发展高校体育工作，使之为培养更多更好的高级专门人才服务。

(四)加强教师队伍建设，不断提高教师素质

体育教师是高校体育工作的组织者和执行者，体育教师队伍的健全与否，教师素质的好坏与否，直接关系到高校体育工作的开展与质量的提高。为了适应高校教育改革的发展，高

校体育与健康在充实教师数量的同时，必须着重提高相关质量，要在新形势下对体育教师的师德、知识、能力等方面提出新要求。有关部门应在政治、业务、工作、生活上全面关心体育教师，帮助他们解决各种实际困难，为他们的政治思想和业务进修提高，以及开展工作创造条件。体育教师要热爱本职工作，教书育人，洁身自爱，艰苦奋斗，坚持改革，勇于创新，发扬献身精神，从而形成一支团结战斗、奋发向上、生机勃勃的体育教师队伍，使高校体育工作更上一层楼。

#### (五)加强领导，实施科学管理

高校体育是高校整体工作的一部分，必须健全组织领导机构，形成自上而下的组织管理指挥系统，实施科学管理。在校内，必须在体育组长的领导下，体育部(室)积极参与，各级行政部门、群众团体密切配合，统一步调，才能做好高校体育工作。在具体管理工作中，要加强对高校体育的实施计划，及时检查和总结，不断改进；要从实际出发，建立高校体育的规章制度和体育工作的评价标准，包括对大学生体质健康测试和评估等规定；要统筹安排，创造各种条件。

## 第三节　高等学校体育的组成形式

《学校体育工作条例》中规定："学校体育工作是指普通中小学校、农业中学、职业中学、中等专业学校、普通高等学校的体育课教学、课外体育活动、课余体育训练和体育竞赛。"这是学校体育工作的组成形式，它构成了学校体育工作的整体，是为了实现学校体育目标而服务的。

### 一、体育课程

体育课程是我国高等学校教学计划中的基本课程之一，也是高校体育工作的主要环节；是实现学校体育目标的重要渠道，也是把宏观的体育教育思想、观念、理论与实践联系起来的重要途径。高等学校体育课程设置的目的是通过合理的体育教学和科学的体育锻炼，使学生增强体育意识，提高体育能力，养成体育锻炼的习惯，并且在体育课程的学习中受到良好的思想品德教育，成为体魄强健的社会主义事业的建设者接班人。《学校体育工作条例》规定："体育课是学生毕业、升学考试科目。"这些充分说明了体育课程在高校体育工作中的地位及其重要意义。根据学校体育教育目标和任务，体育课程主要分为理论课程和实践课程两大类。

#### (一)理论课程

大学体育理论课程主要是向学生传授体育与健康的基本知识，科学锻炼身体的原则与方法；介绍我国体育的目的、任务、方针、政策，我国体育运动发展成就，有关体育运动项目的一般方法及运动生理、心理知识等。大学生具有较高的文化素养，对体育知识的需求越来越高,因此有必要增加体育基本理论知识的比重,通过理论课的传授,增强大学生的终身体育意识,养成自觉锻炼身体的好习惯。

### (二)实践课程

体育实践课程主要在运动场馆进行,主要向学生传授体育运动的方法,指导学生从事各种身体练习。通过体育实践课,使学生掌握运动的方式方法,增加运动兴趣,提高运动技能,从而提高身体素质,增进健康水平。实践课又分为以下几种形式。

**1. 体育普通课**

体育普通课主要是围绕学生全面的身体锻炼,使学生的身体形态、机能、素质协调发展,以增强学生体质为目的,并使学生掌握体育锻炼的基本技术和技能,提高运动能力。体育普通课既是巩固和提高学生中学时期已掌握的体育知识,也是为下一阶段的体育选项课学习打下基础。体育普通课教材内容以田径、球类、体操、武术、游泳等为主,再结合《国家体育健康标准》的素质项目练习。

**2. 体育选项课**

体育选项课是学校根据师资、场地、器材及学生的需求情况,供学生自己选择项目上课的一种形式,也是必修课程。选项课教材分为一般身体练习教材和专项教材两部分。一般身体练习教材包括用以全面发展学生身体素质的项目,专项教材内容有足球、篮球、排球、网球、乒乓球、武术、体操、游泳等。通过体育选项课学习,可以加强学习的系统性与连续性,有利于学生运动技术、技能的形成、巩固和提高,也有利于发挥学生的运动特长,培养运动兴趣和锻炼习惯,为今后参加体育锻炼奠定基础。

**3. 体育选修课**

《学校体育工作条例》规定:"普通高等学校的一、二年级必须开设体育课。普通高等学校对三年级以上学生开设体育选修课。"体育选修课面对高年级学生,主要以各运动单项的技战术和专项理论教学指导为主,结合提高身体素质练习及其他辅助练习,使学生在大学期间继续接受体育教育,为终身体育打下基础。

**4. 体育保健课**

体育保健课是专门为体弱病残的学生开设的一种必修课或选修课,它具有医疗和保健意义,可以使这部分学生在大学期间得到相应的体育指导和锻炼,掌握必要的运动方法和卫生保健知识,以改善身体的健康状况。体育保健课教材内容及运动负荷,是根据学生健康状况而制订的,主要教体育健康知识,有的学校还采用"运动处方"的形式对学生因人施教。

## 二、课外体育活动

课外体育活动是体育课程的延续和补充,是实现高等学校体育目标的一个重要组织形式,对发展学生体能、增强学生体质、培养锻炼习惯也是非常重要的。大学生正处于青春发育后期,是增长知识和体质的关键时期。在这个时期,仅靠每周的体育课来锻炼身体是远远不够的。因此,国家规定,把早操和课间操纳入学生一天的锻炼内容,保证每天至少有 1 个小时来进行体育锻炼，以利学生身心全面发展。

（一）早操

早操也称早锻炼，是每天起床后坚持的室外体育活动，是大学生合理作息制度中的重要组成部分，早操一般安排 15～20 分钟的时间。应根据大学生的个体需要、兴趣爱好以及地理与气候条件等因素，选择多种多样的内容，如广播体操、健身跑、健美操、武术、气功以及各种身体素质的内容等。早操的组织一般可采用分操与合操两种方式，可以是集体召集，也可个人自觉活动，由体育教师或体育骨干组织辅导；可以是兴趣小组或项目俱乐部的集体活动，也可以是较大规模甚至是全校（院）的集体合操，很多学校把集体合操与升旗仪式结合进行，取得了不错的成效。大学生坚持做早操，不仅是合理的作息制度、锻炼意志品质、养成良好锻炼习惯的有效途径，而且也是每天进行学习的准备，它可以消除抑制、兴奋神经过程，活跃生理机能，促进人体以良好的状态进入学习过程，同时，对校风、学风建设以及精神文明建设也都起着积极作用。

（二）课间活动

课间活动是课间休息时所进行的有益于身心健康的体育活动。一般为个人活动，如走步、肢体活动操、功能性体操（如防治脊柱弯曲操）和提高身体素质的简单练习等。在上下午的 1、2 节课和 3、4 节课之间的 20 分钟休息时，也可以以班级为单位做广播体操。充分利用课间休息时间活动身体，对消除学生大脑皮层的疲劳，适时地转移大脑的优势兴奋过程，调节情绪，促使学生能更加精神饱满地进行学习等，都是很有好处的。

（三）课余体育锻炼

课余体育锻炼，是大学生一天课程学习结束之后进行的有目的、有计划、有组织的体育活动。一般在每天下午，每次活动时间约 1 小时，每周进行 2～3 次。课余体育锻炼，通常以教学班为单位组织进行，但由于大学生心理、生理发展程度不一，兴趣爱好和个性发展也各有差异，随着各方面条件的改善，体育俱乐部、单项运动协会等体育组织越来越受到大学生的欢迎，只要条件允许，它同样可以作为课余体育锻炼的主要组织形式。在组织活动的过程中，要充分调动大学生参加体育锻炼的主动性和积极性；要充分发挥体育教师和学生体育骨干的组织作用，制订切实可行的活动计划，建立各项规章制度，合理安排和使用场地器材；要重视体育活动过程中的安全，防止运动伤害事故的发生。此外，需要特别注意的是，课余体育锻炼作为课程教学的延续和补充，实际上是体育课程教学的课外作业，必须有严格的计划和检查与评估制度，同时还必须保证其体育健身的实际效果。实践证明，搞好高校课余体育锻炼，可以使大学生增强体质、增进健康、锻炼意志、陶冶情操、丰富知识、开阔视野、发展能力，促进大学生身心的健康发展，是大学生活的重要内容。因此，课余体育锻炼不仅是高校体育过程的重要方面，也是占领课余思想阵地、丰富校园文化生活、建设精神文明的重要手段之一。

## 三、课余体育训练

课余体育训练是指高校利用课余时间，对部分身体素质较好、有一定体育专长的学生进行系统训练的一种专门教育过程。它是实现高校体育目的的重要组织形式。

高校课余体育训练是学校贯彻普及与提高相结合的一项重要措施。搞好高校课余体育训练工作对全面贯彻党的教育方针和发展我国体育事业都具有重要意义。一方面，它有助于培养一支学生体育骨干队伍，加强体育的组织和指导力量，推动学校体育活动广泛持久地蓬勃开展；另一方面，它可以把有体育才能的大学生组织起来进行全面系统的训练，不断提高运动技术水平，在校际和国际交往中为校、为国争光，并可为国家培养优秀的体育后备人才，为我国体育事业的发展做出贡献。为此，《学校体育工作条例》规定，学校应当在体育课教学和课外体育活动的基础上，开展多种形式的课余体育训练，提高学生的运动技术水平。并指出，普通高等学校经国家教育委员会批准，可以开展培养优秀体育后备人才的训练。为搞好高校课余体育训练，应切实做好以下几个方面的工作：

(1)高校开展课余体育训练的设项、组队要从国家、地区和本校实际出发，既要考虑传统性、代表性，又不能贪多求全，以确保训练质量。特别是高水平运动队训练，更要注意从本校人、财、物等各方面的条件出发，突出重点，提高质量。

(2)高校开展课余体育训练要从培养身心健康的高运动水平的全面发展的人才出发，要坚持业余训练，正确处理文化学习和体育训练的关系，科学地安排教学和训练；要坚持基础训练，正确处理训练和比赛的关系，科学地安排训练计划，系统训练，打好基础，不断提高运动技术水平；要坚持严格教育、严格管理，把思想教育贯穿教学和训练的全过程。

(3)高校开展课余体育训练要充分利用高校的智力优势和高等教育的有利条件，调动大学生在智能和体能方面的优势，坚持科学训练，逐步培养一支有理论、有实践经验的高水平师资队伍，并结合训练实践开展科学研究，不断提高科学训练水平。

(4)高校开展课余体育训练要改革创新，要加强科学管理，要建立健全的规章制度，充分发挥参加体育训练学生的骨干作用，调动广大师生参加体育锻炼的积极性，推动高校体育活动的蓬勃开展，并在训练和比赛的过程中，扩大体育传播，丰富校园文化生活，促进学校精神文明建设。

## 四、体育竞赛

体育竞赛是推动高校体育活动广泛开展，促进运动技术水平提高，实现高校体育目的的重要组织形式。通过体育竞赛，能起到良好的宣传鼓动作用，吸引更多的人参与体育活动，逐步提高广大师生积极锻炼身体的自觉性。通过体育竞赛，还可以检查教学和训练工作，总结和交流经验，互相学习和促进，有利于选拔人才。通过体育竞赛还有助于培养学生勇敢顽强、遵纪守法、服从裁判、服从组织的优良品质和集体主义精神，对丰富校园文化生活和社会主义精神文明建设具有重要意义。

《学校体育工作条例》规定，学校体育竞赛贯彻小型多样、单项分散、基层为主、勤俭节约的原则。学校每学年至少举行一次以田径项目为主的全校性运动会。为此，高等学校应将此纳入工作日程，制订计划，认真实施。

高校体育竞赛包括校内竞赛和校外竞赛两大类。应以校内竞赛为主，经常开展校内群众性体育比赛，如各种球赛、长跑比赛、“达标”赛以及大众健身体育项目比赛等。可由校、系、年级、班级以及体育俱乐部、单项运动协会分别组织进行。同时，也应从实际出发，组织各种友谊赛、邀请赛、表演赛以及派队参加校外各级比赛，以丰富师生文化娱乐生活，开展体育宣传，扩大体育视野，推动学校体育的蓬勃开展。

## 第四节　高等学校体育的发展方向

随着“健康第一”和“终身体育”思想的提出，新的健康观念正在使高校体育的教学目标、教学方法以及考核内容和方式发生着转变。

近 20 年来的高校体育改革取得了优异的成绩，特别是《全国普通高等学校体育课程教学指导纲要》的颁布实施，有力地推动了高校体育教学改革的深入发展，尤其是选项课与选修课的开设，在一定程度上满足了学生的不同体育需求，培养了学生的体育兴趣，激发了学生的体育学习积极性，发展了学生的体育特长，从而也活跃了高校的课外体育活动。

然而，高校体育仍然面临着严峻的挑战。大学生的体育意识仍然还很淡薄，锻炼习惯尚未养成，终身体育能力与体育文化素养较差，体质健康状况不佳。现有情况显示，越是高年级的学生越不爱锻炼。北京某大学对 1 321 名学生参加体育锻炼情况进行了 5 年追踪调查：每周能坚持 3 次以上 1 小时锻炼者，一年级时占 33.1%，二年级时占 28.1%，三年级时占 20.6%，四年级时占 13.2%，读研究生时下降到 10.0%，毕业后只占 7.2%。这一调查结果是发人深省的，必须改变这样的局面。高校体育到底应当如何改变才能适应社会发展和学生主体发展的需要，从目前情况来看，认识不尽一致，做法也各不相同，但从总体来看，其基本走向表现在以下几个方面。

### 一、高等学校体育课程教学将逐步走向个性化

如前所述，素质教育是一种弘扬学生主体性的教育，它尊重学生人格，承认学生个体差异，重视学生个性发展，因此，素质教育又是一种个性化的教育。新修订的《全国普通高等学校体育课程教学指导纲要》比较鲜明地反映了这一趋势。

#### （一）课程目标

根据学生身体发展水平的差异，大学“体育与健康”课程的目标分为基本目标与发展目标两个层次。基本目标根据大多数学生的基本要求而定，发展目标针对少数学有所长和有余力的学生而定，也可以说是大多数学生的努力目标。

(二)课程实施

实行开放式教学,使学生有自主选择教师、自主选择上课内容、自主选择上课时间的自由度,以适应学生的不同情况与不同需要。

(三)教学评价

学生的学习评价应是对学习效果和过程的评价,主要包括体能与运动技能、认知、学习态度与行为、交往与合作精神、意志表现等,通过学生自评、互评和教师评定等方式进行。评价应淡化甄别、选拔功能,强化激励、发展功能,把学生的进步幅度纳入其中。

## 二、课内外体育将呈现一体化趋势

《全国普通高等学校体育课程教学指导纲要》强调要拓展课堂的时间和空间,要把有目的、有计划、有组织的课外体育锻炼、校外活动、运动训练等纳入体育课程,形成课内外、校内外有机联系的课程结构。为此,高校体育的重心,将逐渐由课内转移到课外。例如,充分利用各种媒体获取体育信息;充分利用课外时间和节假日开展家庭体育、社区体育、体育夏(冬)令营、体育节、郊游等活动;充分利用日光、空气、水、江河、湖、海、沙滩、田野、森林、山地、草原、雪原、荒原等自然环境开展体育活动。高校体育必将冲破学校的樊篱,走向社会,走向自然,表现出更加开放,更加丰富多彩,更加生动活泼,更能满足广大同学的不同体育需求。

## 三、高等学校体育的组织形式将更具群众性

大学生体育主体意识的不断加强,高校体育特别是高校课外体育的组织形式将更具群众性。

(一)体育俱乐部将成为高校体育的重要组织形式

为了适应大学生的不同体育需要,高校将根据自身的条件,组织多种多样的体育俱乐部。这些体育俱乐部大致可以分为两大类:一类是以发展学生体育特长,提高运动技术水平为目的的竞技体育俱乐部;一类是以健身、健美、娱乐为目的的群众性的体育俱乐部,学生可自主选择参加。

(二)体育社团将在高校得到发展

高校的体育社团是由学生自我组织、自我管理、自由参加的群众性体育团体。其一般由学生会、团委出面发起组织,得到学校体育部(教研室)的支持和指导,大都以单项体育协会的形式出现,如篮球协会、游泳协会、网球协会、健美协会等。学生根据协会章程,自愿报名参加,缴纳一定的会费,民主选举管理人员。这种形式已在一些高校出现,今后必将得到进一步的发展。

### （三）非正式体育群体的活动将越来越活跃

非正式的体育群体就是非行政的由学生自由组合而成的体育群体。这种群体的组成，除体育兴趣外，还受性别、性格、情感、体育基础等多种因素的影响，具有较强的凝聚力和主体意识。这种群体主要活跃在课外体育、节假日体育、校外体育中，但是，目前尚未引起人们的足够重视，一旦受到重视，必将为高校体育注入新的活力。

## 四、高等学校体育将呈现出多样化和小型化

随着高校体育重心的逐步转移，高校课外体育将向自主确定锻炼目标、自主选择锻炼内容、自主组织锻炼的方向发展。因此，高校体育将呈现出多样化和小型化。但是，一些传统的学校体育组织与活动形式，也将得到继承，如定期举办全校性的运动会，或以院系为单位组织的群体竞赛等。

## 五、生存训练与拓展训练将在高校逐步开展

生存训练和拓展训练源于第二次世界大战期间。据说第二次世界大战时大西洋上很多军舰船由于受到攻击而沉没，绝大多数的船员不幸牺牲，但仍有极少数的人历经磨难后得以生还。人们发现这些生还下来的人并不都是身强力壮的小伙子，而大多数是些年老体弱的人。这些人之所以能活下来，关键在于他们具有良好的心理素质。当时有个德国人库尔特·汉恩提议，利用一些自然条件和人工设施，让那些年轻的海员做一些具有心理挑战的训练，以提高他们的心理素质。后来，他的好友劳伦斯于 1942 年成立了一所海上训练学校，这是拓展训练最早的雏形。

由于生存训练和拓展训练形式新颖，对提高人的心理素质、团队精神、生存能力和社会适应能力等具有良好的效果，因而很快就风靡了整个欧洲，并在其后的半个世纪中发展到全世界。近年来，生存训练和拓展训练在我国也得到了较快的发展，引起了我国学校体育行政管理部门的高度关注，并已着手创建训练基地、培训骨干。这种形式的训练，必将受到广大高校学生的欢迎，成为高校体育的新生力量。

# 第八章　终身体育

## 第一节　终身体育的概述

### 一、终身体育产生的背景

随着终身教育概念的产生,终身体育于20世纪60年代应运而出。1960年,“国际成人教育会议”在加拿大蒙特利尔胜利召开,并提出了有关“终身教育”的问题。1965年,教育专家朗格朗在巴黎召开的国际成人教育促进委员会会议上促使“终身教育”成为重要议题。终身教育的基本性质主要包含两个层面:一是为公共教育提供保障,促使人们得到终身的成长与发展;二是重新设计和综合历来的教育,以便为人们提供一生的教育机会,更要使不同年龄段的人们在最为恰当的时期和场所,受到最为适宜的教育。因此,为适应教育发展的不断变化和要求,各学科都与时俱进地制订了本学科计划,体育在教育中占有极其重要的作用,不仅是终身教育中不可分割的一部分,也是人类社会持续发展的一个主要手段。

因此,终身体育是随着终身教育应运而生的。但终身体育有着属于自身特定的研究领域和范畴,并创造人生价值,终身参与体育教育的过程。朗格朗认为,体育是一生的,不能把它单纯地限定在人生的某个阶段,体育应和终身教育的联系更为紧密,不能只是把它当作一种身体练习,应让它与社会文化、人们的生活等结合得更为紧密。

### 二、终身体育的理论基础

终身体育包含两个层面:一是人在生命之始至生命结束中进行身体练习,有较强的目的性,使体育成为生命中的一部分;二是在终身体育思想的指导下,树立体育的体系化、整体化目标,为人创造在不同时期、领域中进行体育锻炼机会的实践过程。

终身体育是一种现代体育思想,其源自两方面。一是指人体自身的发展规律需要体育锻炼。人体有三个发展时期,即生长发育期、成熟期和衰退期。体育锻炼对人体不同时期的健康发展,都具有积极影响。因此,从事体育活动要通过不同时期人体机能的特点,做出相应的要求。生长发育期的要求,能够使机体正常生长发育;成熟期的要求,能够保持充沛的体力与旺盛的精力;衰退期的要求,是减慢衰退、延年益寿。人生离不开体育锻炼,不同阶段,有不一样的体育目标和要求、不一样的练习内容与方法。二是指终身体育是现代社会发展的需要。现代生产和生活方式的改变,劳动活动锐减,工作、生活的节奏加快,精神压力加大,食物摄取的热量过多等一系列不利影响,出现肥胖症、高血压、心脏病、神经官能症等疾病,严重影响人们的身体健康和生命安全。人们为了保持身体健康,体育意识有所提升,积极参与体育活动成为人们生活中不可缺少的内容之一。

## 三、终身体育的内涵

**1. 终身体育的基本概念**

终身体育是指每个人在其一生中自觉地接受体育教育以及进行自主性体育锻炼。终身体育的目的在于提高大家对体育的认识,养成良好的生活习惯,利用科学有效、适合自身的锻炼方法,终身参加体育锻炼、终身受益。

**2. 终身体育的基本特征**

终身体育从广义上来讲是一个包含家庭、学校及社会体育的概念体系,对于社会成员终生的健康发展极具促进作用。其基本特征主要体现为:一是要求参与体育的持久性,实现身心健康是终身体育的目标,所以参与活动具有终身性;二是适用对象的全体性,其适用于一切社会成员,特别是在国家全民健身运动受到大力提倡的社会背景下,终身体育的社会地位更加重要;三是终身体育行为过程的自律性,终身体育伴随人们的一生,因此在参加体育活动时,要提高自身的自律意识,保持好体育参与的规范与调控;四是思想内容的传承性,终身体育不但是一句口号,而且是一种文化符号,对文化建设、全民健身运动、校园与社会体育活动都具有不可替代的作用。因此,弘扬和传承终身体育文化,是我国社会发展过程中不可或缺的一部分。

## 四、终身体育教育的内容

在终身体育思想下,我们要从《全国普通高等学校体育课程教学指导纲要》的大纲、计划、课程安排及教材内容各个方面,培养大学生终身体育意识。

**1. 体育知识**

(1)人体生理知识、心理知识。

(2)生物学知识、医学知识。

(3)体育理论和体育基本知识。

**2. 道德**

(1)社会主义道德观念。

(2)体育道德。

(3)社会公德。

**3. 体育技能**

(1)运动项目技术要领、要求。

(2)运动器材使用、运动环境的取舍与使用。

(3)运动医护的鉴别及应用。

(4)体育理论和体育基本知识。

**4. 体育兴趣**

(1)浓厚。

(2)持久。

(3)热心。

(4)愉快。

**5. 体育保健**

(1)身体健康。

(2)精神健康。

(3)社会健康。

# 第二节　终身体育与高校体育

终身体育是随着终身教育应运而生的。学校体育作为学校教育的一部分,也深受终身教育思想的影响,因此,人们参与体育是“终身”的,应是伴随着人终生的主要内容。基于此,所有的人,尤其是作为新时期的当代大学生必须要有一个明确的认识。

## 一、终身体育与高校体育的关系

按人一生不同的时期,我们把终身体育划分为三个阶段:学前体育、学校体育、社会体育。高校体育作为学校体育的一部分,是贯彻终身体育思想最为关键的一个环节。

**1. 终身体育是高校体育改革与发展的方向**

现代社会的发展变化决定了终身体育成为高等院校体育改革与发展的方向。随着科技的快速进步,自动化、信息化发展普遍提升,体力劳动减少,脑力劳动增加;同时,社会竞争日益加剧,压力增加,人类的身心理健康受到严重影响;另外,体育活动由于其自身的特点与功能,受到越来越多的关注。《全民健身计划纲要》强调,要对学生进行终身体育的教育,培养学生体育锻炼的意识、技能与习惯。因此,为适应社会的发展,我们应在终身体育思想指导下开展高校体育教学的改革。

**2. 高校体育是实现终身体育的基础环节**

高校体育在终身体育教育中占有极为重要的位置,它是人们参加体育活动与教育的重要过程,是人们参与体育活动的基础阶段,是终身体育的一个重要环节,此阶段受到的体育教育表现得最为系统与规范,是提升终身体育习惯和形成终身体育意识最重要的阶段。有关调查资料显示,人在大学期间体育表现突出,有浓厚的体育爱好,参与的体育活动较多,在中老年时期,都表现出比较明显的体育再认识能力,约占57.2%,也就是说这部分人基本养成了终身体育意识;另外,这部分中老年人在家庭与社会中又会成为参与体育活动的推动者,并把他们自身的参与体育锻炼的习惯与意识自然而然地传播于社会他人,体现出较为明显的社会传播功能。因而,高校体育可以说是终身体育的基础环节。

## 二、高校体育是终身体育的重要组成部分

人生在世如同旅途,在这漫长旅途中,健康无疑是最为重要的。在除了遗传、环境等影响因素下,人们为保持自身的身体健康,参加体育锻炼便成了一种不可逆的趋势。随着社会的发展,各种身心疾病也随之而来,人类的身心理健康受到严重影响,然而身体锻炼由于其自身的特点与功能,受到越来越多的关注。早在 1978 年联合国教科文组织便通过了《体育运动国际宪章》,其明确提出,必须由一项全球性的、民主化的终身教育制度来保证体育活动与运动实践得以贯彻于每个人的一生。不难发现,高校体育必然隶属于终身教育,而高校体育又是终身体育中的重要阶段,因此,高校体育是终身教育和终身体育不可分割的一部分。尤其是大学生正处在青年时期,身体发育日趋完善和稳定,是人体心理、生理机能形成并发展成熟的关键时期。

高校体育教育阶段是体育教育与锻炼的实践,既能够弥补和提升之前体育教育过程的不足,又能在此阶段建立良好的体育意识,获得科学的体育知识、方法、习惯等,还能对大学生毕业后参与的体育活动产生悠远的影响。高等教育阶段是人生中接受集体教育的最后一个环节,其体育教育的基础作用,以及与终身体育的衔接、接轨和有机结合等方面的作用,更彰显了高校体育在终身体育中的重要作用。这是高校教育和终身体育在现代化改革与发展中不可忽视的问题。

## 三、高校体育必须为终身体育奠定良好基础

学校体育工作的基本任务在《学校体育工作条例》中有明确规定,《全民健身计划纲要》中也明确提出,全民健身计划的实施对象是全国人民,重点关注对象为青少年和儿童。学校体育是终身体育的一个阶段,但学校体育又不同于终身体育的其他阶段。其不但要完成学校体育的基本任务,而且是终身体育实践的重要基础。尤其作为学校体育与终身体育的结合,高校体育的基础性作用更显重要。这主要表现在以下几个方面:

(1)高校体育要为终身体育奠定良好的思想基础。高校大学生阶段在文化科学、理想情操、思想意识等方面受到较高的教育层次和水平,大学生的体育意识也逐渐形成并日趋稳定,这也是人们今后生活中参加体育活动和从事身体锻炼的内在原动力。马克思主义哲学告诉我们存在决定意识、意识具有主观能动性的观念,事实也充分证明:人们是有意识、有目的、有计划地参与社会活动的,主观意识强烈,则表现出行为的积极主动;反之,则表现出行为的消极怠慢,甚至表现出不参与行为。因此,在高校体育教育过程中,保证体育教育的科学性和体育教学过程的完整性是十分必要的,从而让学生形成健康体育意识,养成坚持体育锻炼习惯,以更好地达到高校体育教学任务,为终身体育奠定良好的思想基础。

(2)高校体育要为终身体育奠定良好的能力基础。随着年龄的增长和知识的积累,大学阶段无疑是大学生增长知识和培养能力的大好时期。在高校教育过程中,要结合体育课堂教学以及其他体育实践活动,使大学生能够比较清晰地认识和了解体育,有效掌握科学体育

锻炼的方式和方法，既可以有效增强大学阶段的体育锻炼，也为大学毕业后从事体育锻炼提供科学的理论方法，从而为终身体育奠定良好的体育能力基础。

(3)高校体育要为终身体育奠定良好的体质基础。大学生正处在青年时期，身体发育日趋完善和稳定，是人体心理、生理机能形成并发展成熟的关键时期，能参与较大负荷的身体活动，对外部环境有较强的适应能力。在这一时期，人体生理机能最为旺盛，有必要从事更全面、更大负荷的锻炼，以促使身体发育和生理机能提升到生命的最佳水平。有专家指出，人们的健康状态和生命质量与其青年阶段的发育和生理功能水平成正比关系。因此，高校体育教育应充分提升大学生的体质健康水平，从而有效延缓成年后身体机能衰退速度，以最大限度地延长人的寿命。高校体育教育作为一个承上启下的衔接阶段，必须要为终身体育奠定良好的体质基础。

(4)高校体育要为终身体育奠定良好的社会服务基础。大学生是我国社会主义现代化的建设者和接班人，他们从小学到大学受到了长期系统的体育教育，具备较强的体育意识、理论及技能，良好的体育锻炼习惯，拥有比较优秀的组织能力和社会责任感等，当大学毕业以后迈入社会，一定成为终身体育和国家全民健身活动的主力军，并成为一支强大的业余的社会体育组织、指导力量。因此，高校体育应在这个层面发挥作用，为发展全民健身活动和终身体育奠定良好的社会体育服务基础。

## 四、高校体育是实施终身体育教育的步骤

终身体育是指根据人体发展变化的规律、身体锻炼的影响，以及现代社会的发展变化对人提出的需求，随着终身教育的发展应运而生；同时，根据人的不同发展阶段（如幼儿园、各级学校、工作阶段和离退休后等各年龄阶段）和不同人群的特殊时期，都应建立和完善终身体育的组织系统。利用科学的理论和手段指导人们终身从事体育锻炼，是我国发展社会主义体育事业的一项重要任务，也是终身教育内容的扩展和补充。

终身体育所研究的对象是指一个人在不同时期、不同生活领域中的个人因性别、职业、生活环境的不同，以及在不同发展阶段、不同健康状态下所应从事的体育锻炼的内容、特点、形式和条件。终身体育的特点是不仅要具有广泛的系统性、完整性和指导性，还应具有较强的实用性，即对不同的人具有比较明确的针对性。

### （一）终身体育观念形成的程序

终身体育思想的形成除了受到终身教育思想的影响，还受到了体育自身的特点、功能、社会经济发展和人们生活方式变化的影响。社会发展是终身教育和终身体育的前提，从个体的层面上来说，都是为了以个人如何适应社会发展的需要作为起点的。人类社会的各种教育，都是围绕着培养人的全面发展的问题而发展出来的。

终身体育不仅是单纯强调某个阶段的体育，而且是家庭、学校、社会体育整个环节的体育（表 8-1）。

**表 8-1　终身体育**

| 家庭体育 | 幼儿园体育 | 学校体育 | 社会体育 |
|---|---|---|---|
| 婴幼儿 | 幼儿、儿童 | 儿童、少年、青年 | 成年后至老年 |

我国群众体育所包括的内容与终身体育所包括的内容大体相同,但存在着不同的特点,也就是两者在一些方面有所区别。对终身体育的理解,不能局限于学校体育阶段,也不能局限于某个人参加终身身体锻炼,终身体育的范畴包括从胚胎开始,到死亡终结,在这期间应随时实施有效的举措确保机体的正常生存与发展。

发展我国的群众体育,要以终身体育思想为指导,实现全民的终身体育化,人人坚持终身进行身体锻炼,就能达到群众体育的广泛普及与经常化。相反,群众体育的有效发展,也促进了终身体育的落实。从某种意义上来看,群众体育着重强调普及性与经常性,终身体育则着重强调不同时期的人进行体育锻炼的持续性,两者谈论的角度不同,但最终的目的是统一的。

(二)终身体育的内容与方法的选择

高等院校终身体育教育的目的,是使学生增强体质、掌握终身体育锻炼的理论和方法,培养学生自己设计运动方式的能力,为普及和推广终身体育锻炼做出努力。

如何选择正确的锻炼内容和方法呢？首先,应充分了解和掌握体育锻炼的基本方法;其次,根据个体自身的特点和外部环境的客观条件。具体表现在如下几个方面:

第一,目的明确。终身体育的目的是实施体育锻炼内容的根本依据。终身体育的目的既有阶段性又有长远性,既有直接目的又有间接目的,所以,个体要依据自己的身体情况,明确身体锻炼的目的,而后选择一项能够实现自身锻炼目的的锻炼项目。例如,要发展力量,那么就要明确是发展上肢力量还是下肢力量;要发展耐力,就要明确是发展有氧耐力还是无氧耐力等,都要非常具体化。这样,就能使锻炼的内容合理,锻炼的方法得当,也就能有的放矢地实现自己的锻炼目的。

第二,讲求实效。参加体育锻炼要讲求实际效果,在项目的选择上要有针对性,要注意所选运动项目的特点、作用和实用价值,使自己用较少的时间获取最佳的效果,从而达到强身健体的目的。

第三,切实可行。选择身体锻炼的内容和方法,必须结合实际,使自己选择的内容和确定的锻炼方法切实可行,具备科学依据。

第四,适时为宜。气候、季节的差异对身体锻炼内容的选择具有一定影响,因此,在选择锻炼项目时,应根据季节的变化,做出相应的调整。比如,春季选择登山(踏青),夏季选择游泳,秋季选择越野跑,冬季选择滑冰和室内乒乓球等。选定的锻炼内容不可一成不变,要经常变换锻炼内容,提高锻炼的兴趣和加强锻炼的难度,以使身体的机能水平不断地得以提高。

## 五、终身体育对高校体育教学的意义

大学时期是人的思想观念形成的关键阶段，是由学校教育过程向社会实际供职过渡的一个关键期。高校体育教育应利用高校体育课堂教学和学校体育活动的优势，培养大学生终身体育思想，教授学生掌握终身体育实践过程的理论体系，促进学生养成科学的终身体育思想。

**1. 在高校体育教学中加强学生终身体育观念的培养**

根据教育部门的有关规定，普通高等院校的体育教学每周仅有两个学时，而且部分高校为了加强专业课程的学习，压缩体育教学学时，导致体育课时的减少。如果仅靠体育课上仅有的时间进行锻炼，根本不能满足学生身体锻炼的需要，更不能提高学生健康水平。因此，高校应大力提倡在校学生每天运动一小时，培养良好的自觉地参与体育锻炼的习惯。如果在校期间不能养成积极的身体锻炼意识，不能有效培养学生正确的终身体育意识，就更不会有毕业后踏入社会后的自我锻炼。因此，大学阶段注重培养学生终身体育意识，强化终身体育思想，显得尤为重要。

要培养学生终身体育思想，重点在于对学生进行体育理论知识教学，向其传输坚持身体锻炼的观念。学校教育，尤其是体育教育行政机关或者学校，要选用科学性、针对性、指导性、实效性和时代性强的教材，要采用科学有效的锻炼方法，以培养学生终身体育观念为目的的学习内容。要改变过去一贯重实践轻理论的体育教学现实，适时加强理论学习，合理进行体育理论考试，强化学生终身体育意识。因此，培养大学生终身体育思想是高校体育教学过程中的重要内容之一。

**2. 高校体育教学是终身体育实践过程的需要**

从宏观上来讲，高校体育教学是学校体育教育的最后一个环节，仅仅是终身体育的某一个短暂阶段，但其对养成终身体育的观念有着不可或缺的意义。毫不夸张地说，它还影响着人们对终身体育思想的发展和理解，因此，高校体育教学又是终身体育实践过程的需要。

长期以来，我国的高校体育教育在课程环节和教学内容上未能展现出高校体育的特点和优势，高校体育教学仅仅讲授基本技术、基本知识、基本技能，简称“三基教育”，从而忽略了身体锻炼方法的传授、体育习惯与能力的培养。多数学生毕业之后，不懂如何科学锻炼身体，如何进行体育比赛，如何享受身体锻炼带来的乐趣，如何与人运动中交流，缺乏一定的终身体育观念。因此，高校体育教学要根据学生的自身特点，提高学生机体、机能的发展，综合提升学生身体素质，强化对外部环境的适应能力，发展学生身心健康；传授科学的终身体育锻炼方法和理论知识，使学生发挥自觉能动性，能够根据自身实际情况科学合理地选择自己的生活方式，科学健康锻炼。

## 六、高校大学生终身体育意识的培养

**1. 加强深层次体育理论知识的传授**

授人以鱼不如授人以渔。强制学生运动，不如传授他们科学合理的健身方法，促使他们自觉参加运动。体育健康的相关知识作为一切体育运动的理论基础，对终身体育教育起着不可忽视的作用。因此，大学体育教育在不同层次、年级教学的基础上，使学生掌握运动医学的基础知识，例如人体的形态结构特点、生理、心理的主要特点及人体保健、运动损伤及康复等方面的内容，丰富大学生的基本体育知识，充分解析自身状态，进而明白如何进行科学健身、如何有效避免运动损伤的发生等。体育理论知识的掌握，为科学健身指明了方向，从而为终身体育奠定良好的基础。

**2. 高校课堂教学模式的转变**

在高校体育教学过程中，应根据大学生身心特点来安排教学内容，把传统的竞技化运动调整为以游戏为主的体育活动。大学生的身心日趋成熟，也拥有一定的运动能力，因此要转变以往单一的教学模式和方法，创建高效课堂。树立“健康第一”的思想是学校体育教学的首要任务，提升学生终身体育观念，要在课堂上采用理论知识与练习实践相结合、竞赛与趣味相结合的授课方式，营造一种和谐、轻松的课堂环境，加强师生、学生间互动。这样既能加深师生关系，又能营造科学合理的课堂环境，充分调动学生参与课堂学习的积极性。

**3. 创建浓厚的高校校园体育文化氛围**

培养大学生终身体育意识，必须要营造浓厚的校园体育文化氛围。高校体育文化主要由：体育课堂、早操、课外活动、课间活动、各类体育竞赛，以及体育场地、器材、健身设施等物质条件构成。这些软硬件设施都是促使学生参与体育锻炼的重要因素之一，为提升学生的体育兴趣、提高运动能力、掌握基本技能提供了基本条件。

**4. 加强大学生的课外体育活动，完善大学体育社团的建立**

高校体育的发展除了以课堂教学为主，还应注重课外体育活动的开展。大力发展课外体育活动是提升大学生终身体育观念和增强运动能力水平的必备因素。如果说学校体育的核心是课堂教学，那么课堂教学的延伸和补充就是课外体育活动。学校应定期组织开展各种形式的体育课外活动，如各种体育竞赛、体育基础知识讲座和师生趣味活动等。

集体比赛类的体育活动可有效激发学生参与体育的热情，运动员间的激烈竞争和观众的加油助威等都可以刺激学生内心参与体育运动的渴望。并且在比赛之前的准备工作，如标语、横幅等宣传活动，都可以促进校园体育文化的建设。

创建大学生体育社团是营造良好校园体育文化的重要手段。大学生体育社团是由一群有着共同兴趣爱好的学生组织建立，学生根据自身的兴趣与体育特长自愿加入，参与学生的增多，大家相互之间在运动中相互交流，从而提升了学生身体素质和运动能力水平。因此，高校应大力鼓励学生进行体育社团的创建，多创造体育活动，让学生通过社团来充分展示自身的运动特长，并且能够吸引更多的学生感受到运动的魅力。大学生社团的建立提升了学生参与体育运动的积极性，使其感受到运动带来的热情，从而促进其养成终身体育思想。

# 参考文献

[1] 罗兴华. 科学健身新概念[M]. 广州:花城出版社,2003.
[2] 孟宪君. 大众流行健身项目理论与实践[M]. 北京:高等教育出版社,2003.
[3] 季浏. 体育锻炼与心理健康[M]. 上海:华东师范大学出版社,2006.
[4] 陆一帆,梁林,方子龙. 健康与住宅——健康社区中体育规划的理论与实践[M]. 北京:北京体育大学出版社,2004.
[5] 刘红委,牛殿庆. 21 世纪大学生心理健康与成才教育[M]. 北京:中国商业出版社,2004.
[6] 黄希庭. 心理学与人生[M]. 广州:暨南大学出版社,2005.
[7] 郑希付,王瑶. 健康心理学[M]. 上海:华东师范大学出版社,2003.
[8] 朱常斌,袁世珍. 现代大学体育[M]. 北京:北京体育大学出版社,2002.
[9] 靳贤胜,蔺丽萍,靳晓奇. 大学体育与健康[M]. 成都:电子科技大学出版社,2004.
[10] 陈吉棣. 运动营养学[M]. 北京:北京医科大学出版社,2002.
[11] 姚鸿恩. 体育保健学[M]. 4 版. 北京:高等教育出版社,2006.
[12] 陈辉. 现代营养学[M]. 北京:化学工业出版社,2005.
[13] 冯美云. 运动生物化学[M]. 北京:人民体育出版社,1999.
[14] 成明祥. 保健体育[M]. 北京:高等教育出版社,2004.